MW01707730

ROCK DEMERS PRÉSENTE

CONTES POUR TOUS

De la même auteure
chez Québec Amérique

Pour les jeunes :

Le Pari d'Agathe, Coll. Gulliver, 1988.

Sauvetages, 1989.

Mon petit diable, Coll. Contes pour tous, 2002.

Un été avec les fantômes, Coll. Contes pour tous, 2004.

DANIEL ET LES SUPERDOGS

Données de catalogage avant publication (Canada)

Sarfati, Sonia
Daniel et les superdogs
(Rock Demers présente Contes pour tous; #21)
Pour les jeunes de 9 ans et plus.
ISBN 2-7644-0382-8
I. Titre. II. Collection: Contes pour tous; no 21.
PS8587.A376D36 2005 jC843'.54 C2004-942034-8
PS9587.A376D36 2005

Conseil des Arts du Canada Canada Council for the Arts

SODEC Québec

Nous reconnaissons l'aide financière du gouvernement du Canada par l'entremise du Programme d'aide au développement de l'industrie de l'édition (PADIÉ) pour nos activités d'édition.

Gouvernement du Québec – Programme de crédit d'impôt pour l'édition de livres – Gestion SODEC.

Les Éditions Québec Amérique bénéficient du programme de subvention globale du Conseil des Arts du Canada. Elles tiennent également à remercier la SODEC pour son appui financier.

Québec Amérique
329, rue de la Commune Ouest, 3e étage
Montréal (Québec) H2Y 2E1
Téléphone: (514) 499-3000, télécopieur: (514) 499-3010

Dépôt légal: 1er trimestre 2005
Bibliothèque nationale du Québec
Bibliothèque nationale du Canada

Révision linguistique: Chantal Landry
Mise en pages: Andréa Joseph [PAGEXPRESS]

Imprimé au Canada

www.quebec-amerique.com

DANIEL ET LES SUPERDOGS

S O N I A   S A R F A T I

ROMAN

21

Inspiré du scénario de
Richard Schlesinger et Pierre Billon

D'après une idée et un scénario original de
Claude Gagnon

Produit par
Rock Demers et Chantal Lafleur (Canada)
Chris Curling et Phil Robertson (Angleterre)

Réalisé par
André Melançon

Photos par
Jean Demers

QUÉBEC AMÉRIQUE Jeunesse

Dans la même collection

Contes pour tous

1 LA GUERRE DES TUQUES
Danyèle Patenaude et Roger Cantin
2 OPÉRATION BEURRE DE PINOTTES
Michael Rubbo
3 BACH ET BOTTINE
Bernadette Renaud
4 LE JEUNE MAGICIEN
Viviane Julien
5 C'EST PAS PARCE QU'ON EST PETIT QU'ON PEUT PAS ÊTRE GRAND
Viviane Julien
6 LA GRENOUILLE ET LA BALEINE
Viviane Julien
7 LES AVENTURIERS DU TIMBRE PERDU
Michael Rubbo
8 FIERRO… L'ÉTÉ DES SECRETS
Viviane Julien
9 BYE BYE CHAPERON ROUGE
Viviane Julien
10 PAS DE RÉPIT POUR MÉLANIE
Stella Goulet
11 VINCENT ET MOI
Michael Rubbo
12 LA CHAMPIONNE
Viviane Julien
13 TIRELIRE COMBINES ET CIE
Jacques A. Desjardins
14 DANGER PLEINE LUNE
Viviane Julien
15 LE RETOUR DES AVENTURIERS DU TIMBRE PERDU
Viviane Julien
16 VIENS DANSER… SUR LA LUNE
Viviane Julien
17 LA FORTERESSE SUSPENDUE
Roger Cantin
18 MON PETIT DIABLE
Sonia Sarfati
19 RÉGINA !
Patrick Leimgruber
20 UN ÉTÉ AVEC LES FANTÔMES
Sonia Sarfati

Sélection « Club la Fête »

LE MARTIEN DE NOËL
Roch Carrier

Daniel Pennac a dédié Cabot-Caboche,
pour moi la plus belle histoire de chien
jamais écrite, à tous les chiens
qui lui ont fait l'honneur de leur amitié

J'ose suivre son exemple
et dédier cette histoire-ci
à D'Artagnan
à Maxi, Eska, Rex et Ambra
amis-chiens, amis fidèles, amis tout court

Wolf

La rue du cimetière leur était interdite depuis le printemps. Ce n'était écrit dans aucune loi mais Colin et William le savaient. C'était gravé dans le livre d'or de l'amitié qui les liait à Daniel. Sauf que cette rue-là était la seule à déboucher sur l'avenue de la Pente-Raide où se trouvait la plus enivrante des côtes du village.

Voilà pourquoi, de temps en temps, les deux copains quittaient la rue principale pour s'engager sur cette voie défendue. La planche à roulettes de William faisait presque des flammèches et les freins de la trottinette de Colin de la fumée quand les deux garçons parvenaient en bas, ivres de vitesse et d'adrénaline. Daniel les suivait. Il arrivait toujours le dernier. Pas parce qu'il avait freiné, mais parce qu'il avait hésité avant d'amorcer la descente. Par chagrin et non par peur.

Sa mère était installée là depuis qu'elle les avait quittés, son père et lui, par une belle journée d'avril. Ce jour-là, le printemps faisait un pied de nez à l'hiver. La vie était belle. Qui aurait pu dire que la mort guettait la jeune femme au sourire radieux, aux longs cheveux d'or cendré, aux yeux verts comme les feuilles qui, déjà, se tendaient vers le soleil?

« Catherine Forest 1968-2003 », pouvait-on lire sur la pierre tombale. On aurait pu ajouter « épouse et mère très aimée ». On aurait pu ajouter « fille adorée », « copine formidable ». On aurait pu ajouter « grande amie des chiens ». En fait, on aurait pu ajouter tant de choses! Il était vain de tenter de résumer Catherine Forest en quelques mots. Finalement, son nom avait suffi. Son nom et une date. Une date à compter de laquelle une part de Daniel s'était éteinte.

Il devrait être interdit de perdre sa maman quand on a onze ans et qu'elle est une ancre dans notre vie. Il devrait être interdit de la voir s'effondrer à quelques pas de nous alors que, dix secondes plus tôt, elle nous réchauffait de son rire. Il devrait être interdit d'être aussi remplie par la vie et, en un claquement de doigt — le temps d'une veine qui éclate dans le cerveau —, aussi vide par la mort.

Mais à qui faire part de ces interdictions ? Celle qui, peut-être, aurait su expliquer à Daniel, gisait là. De l'autre côté de la clôture du cimetière. Elle s'apprêtait à y passer son premier hiver.

Les larmes brouillèrent le regard du garçon qui se trouvait à mi-parcours dans la descente. Sa planche à roulettes dérapa. Au pied de la pente, William et Colin ouvrirent la bouche mais avant qu'un cri ne s'en échappe, leur ami avait repris son équilibre et se dirigeait vers eux à la vitesse d'un boulet de canon.

— Yesssss ! Sup..., commença William.

Daniel ne s'arrêta pas. Les mâchoires serrées, l'air lointain. Ses amis s'en rendirent compte. Après tout, ils savaient. Ou croyaient savoir. Ce qu'ils ne virent pas, c'était son cœur en miettes. Tous ces petits morceaux de lui qui le mordaient par en dedans. Ça faisait si mal que les mots pour le dire n'existaient pas.

Chapitre 1

Un mur dans le cœur

Colin et William regardèrent Daniel s'éloigner sans tenter de le suivre car ils s'en voulaient d'avoir pris la Pente-Raide. Leur ami fila dans le jour qui tombait sur le village pour rentrer chez lui.

Chez lui. La maison pouvait-elle encore porter ce nom? Il se sentait tellement étranger entre ces murs, depuis que la mort de sa mère en avait érigé un entre son père et lui. Il était épais, ce mur. Si épais qu'ils ne pouvaient plus communiquer l'un avec l'autre. Il y avait des mots entre eux, mais ils étaient, en apparence, creux. Et surtout très froids.

Aussi froids que les plats surgelés que son père, Marc, rapportait chaque semaine de l'épicerie. Il en retirait d'ailleurs une nouvelle cargaison de la voiture quand Daniel s'engouffra dans l'entrée du garage.

— Salut, p'pa! fit-il en se penchant pour ramasser sa planche à roulettes.

Marc regarda sa montre et poussa un soupir exaspéré.

— Tu as vu l'heure?

Non, Daniel ne l'avait pas vue. Mais il savait qu'il avait trop traîné après l'école. Et qu'il venait, encore une fois, de fournir une excuse à l'humeur maussade de son père. Un autre prétexte pour éviter de se parler, ce soir.

— Ne t'inquiète pas, je n'ai pas beaucoup de devoirs, reprit Daniel en s'approchant de la porte arrière de l'automobile.

— J'ai déjà entendu ça, grommela Marc.

Une remarque que le garçon, lui, n'entendit pas. Son visage s'était assombri à la vue du siège vide sur lequel traînait seulement une couverture au motif écossais.

— Wolf n'est pas là? demanda-t-il à son père.

— Wolf? Mais... je croyais qu'il était avec toi!

Les lèvres de Daniel s'étirèrent en une moue sarcastique.

— Bien sûr, je l'amène à l'école tous les jours. Il est d'ailleurs très bon en maths. Meilleur que moi… même si ce n'est pas difficile, gronda-t-il en jetant sa planche à roulettes sur le sol et en sautant dessus sans un regard pour son père.

— Attends-moi ! cria Marc.

Mais ses appels répétés restèrent sans réponse tandis que Daniel reprenait, en direction inverse, la rue de la Pente-Raide. Dans ce sens-là, elle aurait pu s'appeler « L'Impasse de la Montée-Impossible ». Mais le garçon en vint à bout. Essoufflé, bien sûr. Au moins autant que ce jour où il était arrivé, le premier, au sommet du mont Saint-Hilaire. C'était la première fois qu'il avait distancé ses parents.

Enfin, dépasser Marc n'était pas très difficile : l'exercice le plus exigeant auquel son père se livrait était de monter et de descendre l'escalier qui menait dans son bureau, au sous-sol de la maison. Au cabinet d'architectes où il travaillait, en ville, la question ne se posait pas : les ascenseurs étaient là pour lui faciliter la vie. Devancer Marc, donc, ne relevait pas de l'exploit. Faire ainsi avec Catherine était une tout autre paire de manches. Elle était une « *wonder-woman* » qui transformait les chiens errants en Superdogs. Non, non! Pour remplir sa mission, elle ne portait pas de cape, ni de collants ridicules! Pas plus que les animaux dont elle s'occupait.

« Pfut... Wolf en collants! » pensa Daniel qui, distrait par cette idée, ne vit qu'à la dernière seconde la voiture qui sortait d'une entrée de garage. En un éclair, il s'imagina tomber sur l'asphalte, plonger dans le trou noir de l'inconscience. Et se réveiller ailleurs, près de sa mère. Ou ne pas s'éveiller du tout. Mais partager le néant avec Catherine était en soi un réconfort. Une tentation. Pas assez forte quand même pour faire taire l'instinct de survie du garçon. Daniel parvint à contourner l'automobile et poursuivit sa route, émergeant de l'incident avec moins de peur que le conducteur.

« Wolf en collants! » se dit-il de nouveau. Mais l'image ne le fit plus sourire. Parce que l'animal qui se trouvait maintenant devant lui ne ressemblait plus, ou si peu, au compagnon fidèle de sa mère. L'élégant barzoï blanc taché de noir était couché sur la tombe de sa maîtresse. Il leva sa tête fine en entendant Daniel approcher. La laissa retomber avec un gémissement plaintif. Le garçon alla le rejoindre. Se laissa glisser jusqu'au sol, tout près de lui. Appuya son dos contre la dalle de marbre. Sentit la morsure du froid à travers ses vêtements. S'en ficha.

— Pourquoi viens-tu toujours ici, Wolf? fit-il en caressant le museau de l'animal.

La question était idiote et Daniel le savait. Il savait combien ce chien, si calme d'apparence, avait besoin d'amour pour vivre. Il savait aussi à quel point les barzoïs pouvaient être têtus. Sa mère lui avait parlé des caractéristiques de cette race qui faisait autrefois le bonheur des nobles de la Russie des tsars.

Wolf, lui, faisait le bonheur... enfin, une partie du bonheur de Catherine. C'était son chien préféré. Pourtant, elle en avait eu beaucoup! De ces bêtes abandonnées qui se retrouvaient au chenil de sa copine Julie et qu'ensemble, elles transformaient en stars des spectacles qui faisaient vibrer le centre sportif du village.

Le passage des Superdogs était en effet un événement à ne pas manquer: les gens venaient de Montréal, de Québec et de plus loin encore pour y assister... et pour y participer puisque les chiens-vedettes étaient des chiens «ordinaires», souvent trouvés dans des fourrières, appartenant à des personnes « ordinaires ». Pas d'animaux de cirque, donc, mais des bêtes heureuses de faire de leur mieux par amour pour leur maître — et non par crainte.

De l'amour, il y en avait en quantité entre Catherine et Wolf. Daniel les revit,

sur le terrain d'entraînement du chenil de Julie. Ce jour-là, le dernier, Catherine avait placé la barre bien haute pour le chien. Julie avait pouffé de rire en voyant la hauteur de l'obstacle. Mais Catherine avait foi dans les capacités de son Wolf. Au point d'ajouter une autre barre. Et une autre encore.

— Tu es capable, hein? avait-elle demandé à l'animal en flattant son pelage soyeux et ondulé.

Il était capable, Wolf. Il aurait fait n'importe quoi pour mériter la confiance de sa maîtresse. Elle courut avec lui vers l'obstacle. Bientôt, il la dépassa, bondit... et atterrit de l'autre côté de la barrière. Daniel et Catherine poussèrent, de concert, un cri de triomphe. Julie, médusée, resta silencieuse. Puis, un sourire se dessina lentement sur ses lèvres. Ce chien était vraiment un Superdog.

Du moins, il l'avait été. Wolf avait tout perdu avec la mort de Catherine. Il était inconsolable.

— On se comprend, toi et moi..., murmura Daniel au moment où la porte d'une automobile claqua à proximité.

Marc. Il savait où trouver son fils et l'animal. Il marcha directement vers la tombe de sa femme. Mais son pas, vif, se fit de moins en moins rapide au fur et à mesure qu'il approcha de l'endroit qu'il redoutait. Et devant la scène qui l'attendait, l'enfant et la bête unis dans la peine, la douloureuse vérité lui sauta aux yeux. Catherine n'avait pas été passionnément aimée que par lui. L'amour se conjugue de tant de manières. Mais sa perte blesse d'une seule et même façon.

Il savait cela, Marc. Et il aurait tant voulu en parler avec Daniel. Mais les mots ne venaient pas. Et quand parfois il en trouvait quelques-uns, ils paraissaient si ridicules de faiblesse et d'insignifiance, si inappropriés, qu'il regrettait aussitôt de les avoir prononcés.

— On rentre, soupira-t-il.

C'est tout. Tout ce qu'il avait trouvé. Tout ce qui était sorti. C'est en sachant qu'il était passé à côté d'un possible rapprochement qu'il regagna l'automobile, Daniel et Wolf sur les talons mais, en même temps, à des lieues de lui.

Distance qui allait augmenter dès le lendemain. Parce que Marc avait pris une décision et elle était irrévocable. En ce beau samedi d'automne, il stationna devant le chenil. Daniel, visage fermé à double tour, ne broncha pas quand son père ouvrit la porte arrière et fit signe à Wolf de sortir. Le chien obéit. C'est en sentant peser sur ses épaules le regard noir de son fils que Marc se dirigea vers le bâtiment à l'intérieur duquel Wolf et lui ne tardèrent pas à disparaître.

La réaction de Julie, la rieuse Julie qui était presque la jumelle d'humeur de Catherine, ne fit qu'augmenter le malaise de Marc. Elle s'accroupit devant le grand barzoï, le regarda avec affection en le caressant.

— Tu es sûr que c'est la bonne solution ?

Marc enfonça plus profondément les mains dans ses poches. Il se serait enfoncé dans le plancher si cela avait été possible.

— Ce n'est plus le même chien depuis… depuis la mort de Catherine.

— Ça nous a tous changés, Marc. Tous, murmura la jeune femme.

Un sanglot, un drôle de sanglot étouffé lui répondit. Elle leva alors les yeux vers celui qui avait tant aimé sa meilleure amie. Comment lui en vouloir, même si elle n'était pas d'accord avec ses décisions?

— Tu sais, Julie, il m'arrive de me réveiller en me disant que ce n'est pas vrai, que j'ai fait un mauvais rêve.

Ses mâchoires se crispèrent comme s'il tentait de museler sa peine. Elle ne fit que quitter sa gorge pour monter à ses yeux.

— Je… Je ne peux plus m'occuper de lui, fit-il en regardant l'animal. Daniel…

Il jeta un coup d'œil par la fenêtre. Son fils était sorti de la voiture. Debout. Raide, tel un soldat. Pas un soldat prêt au combat, mais un soldat prêt à se laisser fusiller.

— Daniel non plus, poursuivit Marc. Si tu l'avais vu, hier soir. Il était complètement démoli.

— À son âge, ce n'est pas facile, murmura Julie.

— Ce n'est facile à aucun âge. Mais… des fois, je ne le reconnais plus.

Il se renferme. Et je ne te parle pas de ses résultats scolaires…

Julie secoua la tête. Elle aurait voulu dire tellement de choses à Marc. Ne voyait-il pas que lui aussi, s'était renfermé? Et qu'il noyait son chagrin dans le travail comme d'autres plongent dans la bouteille. Cela, au détriment de son fils. Mais elle ne pouvait pas dire ça. Elle n'était pas…

C'est à ce moment-là que, par la fenêtre, elle vit une jeune femme qui sortait de la remise attenante à la grange. Elle portait un jean et un sarrau maculés de glaise. Nadine. Sa sœur adoptive. Haïtienne de naissance. Artiste dans l'âme. Psychologue de profession.

— Pourquoi tu n'en parles pas à Nadine? Elle travaille à l'école de Daniel et, ce n'est pas parce que c'est ma sœur mais… elle est drôlement douée avec les jeunes.

En d'autres circonstances, elle aurait ajouté, en plaisantant: «Presque autant que je le suis avec les chiens!» Mais la saison des rires était passée et n'était pas encore revenue.

Marc lui répondit par un vague grognement. Julie entraîna Wolf vers la grande cage qui lui était destinée tandis qu'à l'extérieur, Nadine saluait Daniel.

Sans tenir compte de l'air maussade du garçon, elle l'invita à prendre un verre de limonade.

— À moins que tu ne préfères une tasse de chocolat chaud, c'est peut-être plus de saison!

Daniel hésita. Jeta un coup d'œil vers le chenil, se dit que son père le chercherait en sortant et... Et que ce serait tant mieux, tiens!

— D'accord pour le chocolat.

Il suivit Nadine vers la grande maison jaune qu'il ne connaissait que de l'extérieur. Cependant, il savait qu'autrefois, ses arrière-grands-parents en avaient été les propriétaires. Ils avaient fait faillite, la demeure avait été vendue... et le sujet était devenu tabou dans la famille: un jour, Catherine avait questionné la mère de Marc à propos de la maison et elle s'était gentiment fait répondre que cela ne la regardait pas.

Daniel en franchit donc la porte avec curiosité. La maison était vaste, claire, chaleureuse. Il se serait vu y vivre. Enfin... si ELLE avait vécu ailleurs. Elle, c'était Avril. Ils fréquentaient la même école. Cette année, ils étaient dans la même classe... et William avait décidé de lui jouer le tour de la grenouille cachée dans le bureau.

Elle n'avait pas apprécié la plaisanterie. Depuis, elle évitait tout contact avec la petite bande. Dans le fond, ça ne changeait pas grand-chose: Daniel, Colin et William ne comptaient pas parmi ses copains — qui n'étaient en fait que des copines. Mais, enfin, Daniel trouvait difficile de la voir prendre un air de pimbêche chaque fois qu'il la croisait, alors qu'elle était plutôt bien... pour une fille, quoi!

— Salut! lui dit-il en l'apercevant, assise à la longue table de la salle à manger, le nez plongé dans *Les Aventuriers du timbre perdu*, un roman de Michael Rubbo.

— Allô, répondit-elle sans quitter son livre des yeux.

Et puis, rien. Pas d'invitation à s'asseoir, pas de « Mais qu'est-ce que tu fais là? » Rien.

— Je... Je l'ai déjà lu, celui-là..., lança Daniel afin de rompre le silence.

— Tant mieux pour toi, fit Avril, toujours sans daigner interrompre sa lecture.

Mais Daniel était têtu.

— L'histoire n'est pas mauvaise, mais quand tu arrives à l'endroit où...

— Tu dis un mot de plus et... et...

Et Daniel n'eut pas l'occasion de savoir ce qu'Avril lui aurait fait.

D'ailleurs, elle-même ne semblait pas trop savoir de quoi elle pourrait le menacer. C'est avec soulagement, donc, qu'elle se laissa interrompre par sa grand-mère, Claire Martin, qui entra en portant un plateau où étaient posés deux bols.

— Daniel, je suis heureuse de te voir ici! Nadine m'a dit que tu étais partant pour un bon chocolat chaud.

— Sûr… si tu n'as pas de grenouille en chocolat, fit Avril entre ses dents, en faisant référence au mauvais tour que William lui avait joué.

Daniel lui lança un coup d'œil inquiet, mais Avril n'insista pas.

Déjà, elle portait le bol qui lui était destiné à ses lèvres. Il l'imita en silence.

— Tu sais que ta grand-mère est née dans cette maison? lui demanda Claire. Je suis contente que tu aies enfin l'occasion de la visiter. Enfin... si tu en as envie!

Le garçon hésita, puis approuva d'un mouvement de la tête qui fit sourire la belle vieille dame.

— Tu lui ressembles tant, murmura-t-elle. À l'école, nous étions dans la même classe, elle et moi. Nous étions très amies. Et puis, il y a eu...

Elle soupira pour chasser un souvenir visiblement peu agréable. Nadine apparut à ce moment-là, et capta le malaise de sa mère adoptive.

— Avril, on fait faire le tour à Daniel? demanda-t-elle à sa nièce. Maman, tu en profiteras pour parler au père de ce jeune homme... si tu peux mettre la main sur lui.

Claire put. Peu après que les deux jeunes se furent éclipsés avec Nadine, elle s'installa sur le grand balcon et, quand Marc sortit enfin du chenil, elle lui fit signe de venir la rejoindre. Elle avait perdu son air doux et paisible, et semblait maintenant préoccupée. La première page du journal régional l'avait fait sursauter. On pouvait y lire:

FEU VERT À LA DÉMOLITION DU CENTRE SPORTIF.

À cette lecture, c'est elle qui avait été démolie. Le centre sportif, installé entre les murs d'un bâtiment historique, faisait partie, selon elle, du patrimoine du village. De plus, c'est là qu'on présentait les spectacles des Superdogs. Un événement qui lui tenait particulièrement à cœur. À elle, mais pas qu'à elle — comme le prouvait leur popularité à chacun de leur passage. Or, le centre sportif allait être rasé pour permettre la construction d'un centre commercial digne des plus grandes villes. Et elle avait, devant elle, l'architecte engagé pour dessiner le complexe.

— Vous devez bien savoir que notre centre sportif, c'est plus que des briques et du ciment! Il s'agit d'un monument plusieurs fois centenaire, plein de souvenirs. Il faut le rénover, pas le détruire!

— Vous me dites ça comme si j'étais responsable du projet, se défendit doucement Marc. Madame Martin, je comprends votre tristesse et votre déception, mais je ne peux rien pour vous. En tant qu'architecte, je n'ai aucun pouvoir. Adressez-vous au conseil municipal... mais je ne vois pas comment vous pourriez le faire changer d'avis. Les intérêts en jeu sont considérables. Le maire...

Le maire. Marc n'eut rien à ajouter. Le visage de Claire Martin s'était fermé à l'évocation de cet homme arrogant et calculateur. Un sentiment que Marc partageait, même s'il ne pouvait, bien sûr, l'afficher.

Daniel, Avril et Nadine déboulèrent dans la salle à manger pendant cette pause-malaise. La tension avait baissé entre les deux jeunes. Leur sourire le prouvait.

— Wouah, p'pa! Tu devrais voir ça, c'est immense ici!

Marc lui répondit par un petit sourire, tout en balayant la pièce d'un regard rêveur. Tout à coup, un pli barra son front. Ses yeux se fixèrent sur un coin de la pièce. Il se leva lentement et marcha vers l'endroit en question. Là, sous la fenêtre, il posa un genou sur le plancher. Il sembla hésiter, se retourna vers les autres qui l'observaient avec curiosité. Enfin, il revint au mur, passa sa main sur une boiserie. Puis, solennellement, il la cogna trois fois de la jointure de son index.

— Moustachu, moustacha... Bagibago-baga... Que caches-tu là?

Et, sous les yeux ébahis de Daniel et d'Avril, il fit pivoter le morceau de bois qui révéla une petite cachette, de laquelle il retira une boîte de fer blanc.

— Vous démolissez ma maison pour vous faire la main avant de vous attaquer au centre commercial ? se moqua gentiment Claire.

Mais Marc était ailleurs. Très loin, dans le temps.

— Je l'avais complètement oubliée, murmura-t-il.

— Qu'est-ce que c'est ? demanda Daniel.

— Un morceau de mon enfance, répondit Marc en ouvrant le coffret.

À l'intérieur, se trouvaient une petite voiture de métal, un canif et, surtout, une demi-douzaine de photos où l'on voyait Marc, enfant, en train de jouer au hockey sur la patinoire du centre sportif.

Il soupira en tendant la boîte à Claire. Elle seule pouvait, d'un simple regard, comprendre la signification de ces quelques objets. C'est ainsi que Marc passa ses trésors d'enfance sous le nez de son fils qui s'était approché et affichait l'amorce d'un sourire, croyant à tort que son père voulait lui montrer le contenu du précieux coffret.

Le sourire s'effaça alors. Daniel venait encore de se heurter au mur invisible qui les séparait, son père et lui.

Chapitre 2

Superchiens et mégapeine

Les pelles mécaniques n'avaient pas encore fait leur apparition sur le terrain de stationnement du centre sportif lorsque les Superdogs envahirent les lieux. Pourtant l'ambiance, bien que festive, n'était pas qu'à l'insouciance. La menace pesant sur le bâtiment plombait l'atmosphère. Surtout dans l'esprit des adultes, conscients de ce qui se tramait dans les arcanes du pouvoir et qui, pour l'instant, touchait peu les plus jeunes. Parmi ces derniers se trouvaient William et Colin, qui se faufilaient dans les gradins en compagnie de Daniel. S'ils semblaient irrités, c'est parce que ce dernier, qui avait les billets en sa possession, était arrivé en retard.

Mais toute trace de contrariété s'effaça par magie quand les lumières s'éteignirent et que les faisceaux de couleur balayèrent la patinoire recouverte d'un plancher et transformée en piste sur laquelle les animaux pouvaient se livrer à leurs exploits. Des exploits pas inhumains — ou *in*canins —, mais des exploits drôles, sympathiques. Le bonheur régnait sur la piste. Et dans les estrades.

— Mesdames, messieurs, chers amis grands et petits, voiciiiiiii... les Superdogs! annonça Herb Williams, le maître de cérémonie aux cheveux aussi argentés que son costume.

Ses derniers mots se perdirent dans un tonnerre d'applaudissements tandis que la foule se leva pour accueillir les stars du jour.

— Voici les plus célèbres chiens du monde entier! poursuivit Herb tandis que Chase, son associé, laissait entrer sur la piste des bêtes de toutes tailles et d'origines souvent modestes, défilant en deux rangées bien nettes avec leurs maîtres et maîtresses.

Les acclamations redoublèrent d'intensité lorsque le spectacle commença vraiment et que les animaux, les uns après les autres, se lancèrent dans une course contre la montre où, secondés et encouragés par leur maître, ils devaient franchir un parcours semé d'obstacles : tubes, portes, haies, escaliers, plate-forme basculante, etc. Il y avait Stray le berger australien, Dubya le chihuahua et toute une flopée de bâtards appelés Teck, Léo, Rocket, Trésor, Féroce...

— Et maintenant, mesdames et messieurs, un nouveau venu dans le circuit : Gipsy ! lança Herb.

Ce fut alors au tour du Jack Russell terrier que Julie avait recueilli au chenil et dont elle avait débuté le dressage. Ou, du moins, qu'elle essayait de dresser : malgré sa rapidité et son intelligence, le petit chien blanc avec

quelques marques noires avait la tête dure, un caractère indépendant... et une peur panique des foules, du bruit. Il le prouva d'ailleurs en se sauvant après avoir fait quelques pas seulement sur la piste, au plus grand désarroi de Julie — et au plus grand plaisir du public qui hurla de rire. D'accord, moins que lors du passage de Churchill, le bouledogue maladroit qui prenait systématiquement les obstacles à l'envers ou passait sous les clôtures plutôt que de sauter par-dessus.

Daniel riait encore quand l'épreuve suivante s'amorça. Soudain, un voile noir tomba tel un couperet sur la bonne humeur du garçon. Les chiens devaient attraper un *frisbee*. Et à travers le regard du garçon, chaque animal, en bondissant vers le disque coloré, se transformait en Wolf. Leur maître ou leur maîtresse, pendant une fraction de seconde, prenait le visage de Catherine.

C'était trop. Daniel ne supporta pas l'illusion. Il se leva brusquement et, sans un mot à William et Colin, quitta les gradins, les yeux pleins d'eau. Tel un somnambule, il grimpa des escaliers, parcourut de longs corridors sombres. Comme s'il voulait semer derrière lui le souvenir douloureux qui lui collait au cœur. Mais il n'y avait rien à faire. L'image de Wolf attrapant le *frisbee* et l'image de Catherine se prenant la tête entre les mains revenaient sans cesse. On aurait dit qu'il avait sous son crâne un lecteur DVD bloqué sur une scène diffusée en boucle.

Accablé de tristesse, Daniel se laissa tomber sur le plancher. Il prit appui contre le mur, ramena ses genoux vers lui, y posa ses coudes, enfouit sa tête au creux de ses bras. Forma une boule de chagrin.

Flash, Wolf. Flash, *frisbee*. Flash, Catherine. Flash, Wolf. Arrêt sur image. Wolf. Que son père avait donné. De quel droit ? Le chien n'était pas à lui. Il n'avait pas le droit, justement, de se débarrasser de l'animal simplement parce qu'il n'était plus capable de supporter sa souffrance.

« Il ne lui reste plus qu'à m'abandonner moi aussi, se dit Daniel avec amertume. Un chenil pour enfants, ça doit bien exister quelque part. Et c'est certainement… »

Il leva la tête, distrait de ses sombres pensées par le cliquètement de griffes sur le sol. Gipsy, l'autre fugitif du spectacle, se tenait à distance. N'attendait qu'un signe pour s'approcher. Mais le signe ne vint pas. Au contraire,

Daniel fusilla l'animal du regard. Tout l'inverse d'une invitation, quoi! Mais le chien, têtu à l'entraînement, têtu sous les projecteurs, était... têtu en tout temps. Il vint donc se coucher devant le garçon triste, se cacha les yeux avec ses pattes et poussa un gémissement pour bien montrer à quel point il était malheureux.

La manière aurait pu faire rire Daniel, s'il était resté quelques braises de joie en lui. Aujourd'hui, il n'y en avait aucune. Il était totalement déphasé par rapport au bonheur qui, selon ce qu'il pouvait entendre, inondait le centre sportif. Rires et applaudissements lui parvenaient en rafales. Les encouragements de la foule. Les aboiements des bêtes. Les cris de victoire de leur maître. Et la voix de Herb, quand il laissa le micro à Claire Martin.

À travers le cocon de peine qui l'enveloppait, le garçon perçut l'inquiétude dans la voix de la grand-mère d'Avril. Cela allait bien au-delà des mots qu'elle prononçait dans son émouvant plaidoyer pour les Superdogs et le centre sportif menacés.

— Nous avons formé un comité de citoyens pour nous opposer à la décision du conseil de ville, dit-elle. Nous disons OUI aux rénovations des lieux mais NON à la démolition. Prenez la pétition que nous vous remettrons à la sortie, signez-la et faites-la signer par vos voisins, par vos amis.

« Tout ça à cause de mon père. » D'accord, la pensée était injuste mais elle s'imposa en Daniel avec amertume et aigreur. La colère monta en lui. Il la dirigea sur Gipsy, le seul être vivant à proximité, en le repoussant d'un coup de pied. Le chien leva la tête, de surprise plus que de douleur.

— Va-t'en ! gronda le garçon.

Et Gipsy le prit au mot. Peut-être parce que, pas très loin, il avait senti la présence de Julie. La jeune femme se tenait au détour du couloir et avait assisté à une partie de la scène. Le regard grave. Les sourcils froncés. Inquiète pour le fils de sa meilleure amie, qu'elle considérait comme un copain de sa fille.

— Ce n'est pas mon copain ! Il me tape sur les nerfs ! riposta Avril quand, le soir venu, tout en faisant du ménage dans le chenil, sa mère lui raconta ce qu'elle avait vu dans le couloir du centre sportif.

Julie ne put s'empêcher de sourire devant pareille réaction. Mais elle n'ajouta rien, se doutant bien que toute remarque supplémentaire lui attirerait les foudres de sa fille. Les confidences… enfin, si confidences il y avait, viendraient en temps et lieu.

— Tiens, grommela alors Avril en tendant un papier à sa mère. J'ai trouvé ça dans Internet. Il y a une famille, à Rivière-du-Loup, qui cherche un barzoï.

Mère et fille se tournèrent de concert vers la cage de Wolf. La tête posée sur ses pattes, l'animal regardait dans le vide.

— Je n'ai jamais vu un chien avoir l'air si triste. Mamie dit qu'il faut l'emmener loin d'ici pour qu'il puisse oublier. Qu'est-ce que tu en penses, toi?

— Je pense qu'elle a raison, soupira Julie en jetant un œil sur la feuille. Rivière-du-Loup, hein…

C'était loin, justement. Presque 450 kilomètres.

— Je vais appeler ces gens. Si ça marche, j'irai conduire Wolf là-bas. Je peux te laisser deux jours avec grand-maman?

Il y avait tellement de peine dans la voix de Julie qu'Avril s'approcha d'elle, l'attrapa par la taille et se blottit contre elle.

— C'est mieux ainsi, maman. Il est trop malheureux ici. Tu le sais.

— Je le sais, ma grande…, murmura Julie.

Avril sentit le souffle chaud de sa mère dans ses cheveux.

— Je le sais, mais c'est dur, continua Julie. Il était si plein de vie quand Catherine...

Sa voix se brisa et elle ne put continuer. Elle serra plus fort sa fille contre elle.

— Tu le sais, que je t'aime?

— Moi aussi, je t'aime, répondit Avril en fermant les yeux.

C'est si bon et doux, une maman. Et à ce moment-là, pour une raison qu'elle ne s'expliqua pas, elle comprit parfaitement l'immensité de la perte qu'avait subie Daniel. D'une voix tremblante, elle posa la question qu'elle n'avait jamais poser. Il y a des choses qui font si peur.

— Elle est morte de quoi, la mère de Daniel?

Julie prit le temps d'expliquer. De calmer les craintes que sa réponse provoqua chez Avril. Qu'est-ce qui prouvait qu'elle n'avait pas un anévrisme, comme sa meilleure amie? Que ce n'était pas contagieux? Que...

Mais quand elle quitta la maison, le lendemain, pour Rivière-du-Loup, Julie sentit que sa fille n'était pas entièrement rassurée. Elle perçut une angoisse inhabituelle dans l'étreinte d'Avril.

— Je reviens vite. Promis, fit-elle en posant un baiser sur la tête de la toute jeune fille qui lui apparaissait soudain si fragile.

— Bonne route, lui souffla Avril.

Elle fut surtout longue, la route. Longue mais belle, avec ses lacets qui traversaient des paysages spectaculaires. Mais Julie n'avait personne avec qui partager son émerveillement. Son compagnon de voyage, couché sur la banquette arrière, avait fermé les yeux en montant dans l'automobile et ne les avait pas rouverts.

— Ça suffit, Wolf! lança Julie en plaçant son rétroviseur de manière à bien le voir. Et... ne fais pas semblant de dormir, je sais que tu m'entends!

Et l'animal en fit la preuve peut-être involontairement, en relevant une paupière. Pour aussitôt la rebaisser. Julie soupira, exaspérée.

— Tu dois faire un choix: ou tu te laisses mourir pour rejoindre Catherine, ou tu décides de continuer à vivre. Tu le sais, ce que je souhaite pour toi. Sauf que pour ça, tu dois accepter de t'attacher à un nouveau maître. Ça ne veut pas dire oublier Catherine.

En entendant ce nom, Wolf dressa les oreilles. Et Julie soupira de plus belle. Pas pour rien si elle avait conduit si longtemps pour aller si loin: c'était là, presque à l'autre bout du monde, que se trouvait la meilleure chance, pour le chien, de repartir à zéro.

Après tout, les gens chez qui elle se rendait possédaient un barzoï femelle avec qui Wolf pourrait former un couple et fonder une famille. Julie pouffa à cette pensée: elle avait trop souvent tendance à appliquer aux chiens le comportement des humains!

Mais peu importe. Quand, plus tard, elle quitta la ferme et laissa le chien en compagnie de sa belle, elle fut certaine de ne pas imaginer ce qu'elle lut dans les yeux bruns du barzoï. Trahison. Et si elle en avait douté, à son retour, Daniel se serait chargé de le lui confirmer.

— Ta mère est allée le laisser… où? demanda-t-il d'une voix blanche.

Avril répéta la réponse. Rivière-du-Loup. Mais c'était mieux ainsi. Il allait avoir une compagne, une famille. Si seulement elle avait pu paraître convaincue! Ce n'était pas le cas. Tout ce qu'elle ressentait, Avril, c'était un terrible sentiment de culpabilité. C'est elle qui avait vu le message dans Internet. Si elle n'avait rien dit à Julie, Wolf serait encore là. Et Daniel ne la dévisagerait pas comme si elle était sa pire ennemie.

Elle aurait tellement voulu se ficher de la réaction du garçon! Or, c'était loin d'être le cas.

— Vous êtes tous pareils, gronda-t-il. Mon père, ta mère, toi… Vous n'acceptez pas que Wolf puisse souffrir. Vous préférez le voir disparaître ! Ça vous fait peut-être moins mal à vous. Mais à lui, hein ? Vous avez pensé à lui ? Tu as pensé à lui, toi ?

Il tourna les talons sans laisser à Avril le temps de riposter ou de se défendre. Marc, aidé de Julie et d'Avril, avait fait disparaître le chien de Catherine. Ils l'ignoraient encore mais ils avaient fait de même avec Daniel. Le Daniel qu'ils connaissaient venait de décider qu'il laissait la place à un autre Daniel. Oh, ce n'était pas un truc d'horreur comme dans *Docteur Jekyll et Mister Hyde* ! Enfin, pas tout à fait…

Wolf

Wolf resta longtemps immobile devant la porte de la grande cage dans laquelle il était prisonnier — c'est ainsi qu'il se voyait. Pendant des heures, il guetta le retour de Julie. Le jour baissa, la nuit tomba. Le soleil se releva. Le chien était encore là.

Ses nouveaux propriétaires s'inquiétèrent de l'attitude du grand barzoï. Ils tentèrent de le familiariser avec les lieux en lui faisant faire le tour de la propriété et de leur maison. Ils tentèrent de l'intéresser à la jeune femelle qui, espéraient-ils, serait sa compagne.

Mais le chien semblait imperméable à toute démonstration d'affection, à toute impatience — car impatience il y eut. À toute colère aussi. Puisque, au bout d'un temps, colère il y eut également. C'est là que Wolf comprit que Julie ne reviendrait pas. Et sut ce qui lui restait à faire.

Chapitre 3

Vampire et squelette

Personne ne se rendit immédiatement compte de la transformation de Daniel. Du moins, pas ceux qui auraient pu s'en inquiéter. William et Colin, eux, s'aperçurent de quelque chose mais ils n'allaient pas s'en plaindre : leur ami avait retrouvé le goût de s'amuser. S'amuser, mais d'une manière différente et plus risquée. Il semblait avoir découvert le plaisir de jouer des mauvais tours. Ainsi, le nouveau Daniel aurait été le premier à suggérer de placer la grenouille dans le bureau d'Avril — alors que quelques semaines plus tôt, il était celui du trio qui avait le plus traîné la patte dans ce... projet.

Ce matin-là, en allant à l'école, il stoppa devant la propriété du colonel. La maison et la clôture auraient eu besoin d'un bon coup de peinture. La pelouse, d'un bon coup de tondeuse. Et le bassin, d'un bon coup de... de ce qu'il faut pour nettoyer les eaux croupissantes. Seule la Jeep aux couleurs militaires semblait entretenue.

— Vous l'avez vu, le colonel ? demanda Daniel.

Lui, ne l'avait jamais croisé. L'homme, « un vieillard plusieurs fois centenaire », selon la description très réaliste de William, avait acheté, quelques semaines plus tôt, cette résidence depuis longtemps à l'abandon.

— Depuis qu'il est arrivé, à peu près personne ne l'a aper...

— Attention ! l'interrompit William d'une voix étouffée, tandis que la porte de la maison s'ouvrait.

Ils plongèrent derrière la haie mal taillée. Le colonel apparut. Il n'était peut-être pas âgé de deux ou trois cents ans, mais facilement de soixante-dix.

— Avec une gueule comme ça, moi, je ne sortirais que la nuit, commenta Daniel.

William et Colin échangèrent un regard surpris en entendant le commentaire méchant de leur ami. Ce

n'était pas son genre. Ou plutôt, ce ne l'était pas avant que ne se produise le « changement ». Ils ne savaient pas exactement ce qui avait causé cette transformation mais... ils devaient admettre que le résultat était plutôt agréable. Du moins, selon leurs goûts.

— Comme les vampires, suggéra William.

— Dracula, c'est rien qu'une histoire, le contredit Colin. D'ailleurs, il ne fait pas nuit et il est dehors, le colonel.

— Et puis? Les vampires ont peut-être évolué depuis l'époque de Dracula! fit Daniel sur un ton inquiétant. Peut-être que son nom nous donnerait un indice. Est-ce que vous savez comment il s'appelle, le colonel?

William et Colin l'ignoraient.

— Mais il parle avec un drôle d'accent, précisa ce dernier.

— Raciste! pouffa William.

Ce dernier s'amusait à passer ce genre de remarques à son ami qui, d'origine chinoise, comptait parmi les rares membres des communautés ethniques au village et se montrait hypersensible aux questions raciales. Colin gloussa à son tour: il connaissait assez William pour saisir l'humour du grand rouquin qui était son meilleur ami depuis toujours.

— Qu'est-ce que tu fais? lui demanda-t-il en l'observant fouiller dans son sac à dos.

— Ben... vous vouliez pas savoir le nom de notre vampire? On va le savoir tout de suite grâce à... ÇA! fit-il en brandissant une paire de jumelles.

Il pointa l'objet en direction de la maison. Près de la porte se trouvait une plaque de laiton sur laquelle un nom était gravé. COLONEL E. M. DRAGHOSCULESCO.

— Oh boy..., murmura-t-il. C'est du chinois pour moi!

— Raciste! rigolèrent alors, en chœur, Colin et Daniel.

Ce dernier attrapa les jumelles pour les diriger, à son tour, vers la maison.

— Colonel… Daghos… Draghosco…

— Dragoula! l'interrompit Colin. C'est sûrement colonel Dragoula! Il doit être un cousin du comte Dracula.

— Ben voyons! fit Daniel en haussant les épaules.

Ce faisant, il jeta un coup d'œil à sa montre. Son visage changea: ils allaient être en retard! Sans perdre une seconde, ils prirent leurs jambes à leur cou… sans remarquer que le colonel, qui les avait aperçus dans le rétroviseur de sa Jeep, observait leur fuite.

Finalement, ils arrivèrent à temps. Bien avant le début des cours, ce qui était leur intention de départ. Ils devaient… disons, préparer la classe de sciences naturelles. L'idée était de Daniel. Les outils, de William. Les précautions et la surveillance, de Colin. À chacun son rôle, dans leur trio. Dans les bons coups comme dans les autres.

Celui-là ne faisait pas partie des bons. En tout cas, selon la perspective de la directrice de l'école, madame Caron, venue prévenir les élèves de l'absence de monsieur Guichard, leur professeur, et de l'arrivée imminente d'un remplaçant.

— Silence! lança-t-elle pour calmer les rires qui s'était mis à fuser pendant son court laïus.

Ce qu'elle ignorait, c'est que pendant qu'elle parlait, dans son dos, le squelette multipliait les garde-à-vous… grâce au fil de pêche qui reliait son poignet à la main experte de William. Daniel, Colin et lui étaient aux anges: le tour était encore plus drôle que s'ils l'avaient exécuté en présence de monsieur Guichard car pour les élèves de l'école, la directrice était «la générale».

Sauf que, heureusement pour le trio, la générale en question n'avait pas des yeux tout le tour de la tête. Et c'est sans se rendre de compte de rien qu'elle quitta la salle de classe. Non sans, toutefois, leur avoir donné un document à réviser pour l'examen «extrêmement difficile» qui les attendait dès le retour de monsieur Guichard.

— Dans ce cas, si j'étais méchant, je lui souhaiterais d'être malade jusqu'à la fin de l'année scolaire, murmura Daniel à William tandis que le remplaçant prenait place à l'avant.

— Tu ES méchant, souffla son copain. Donc, il ne reviendra pas…

— … et on n'a pas besoin d'étudier, compléta Colin qui avait tout entendu.

Les trois amis pouffèrent de rire.

— Silence! tonna le remplaçant.

L'effet fut immédiat. Daniel baissa les yeux sur les notes à réviser. Mais même s'il savait que le retour de monsieur Guichard ne saurait tarder — signifiant la tenue du fameux examen d'étape —, rien, pas un mot, pas un graphique, pas une carte ne semblait vouloir s'imprégner dans sa mémoire.

Sa tête était trop pleine d'autres choses. Elles vivaient en lui comme autant d'ombres lourdes. Elles rampaient en lui comme autant de créatures inquiétantes. Elles tournoyaient en lui comme autant de tempêtes destructrices. Ce sont elles, ces choses en lui qui n'étaient pas lui... mais semblaient en train de le devenir, qui guidèrent son crayon sur le papier. Inconsciemment ou presque, Daniel se mit à griffonner. Trait noir tranchant sur papier blanc. Puis un autre. Un autre encore.

Il tressaillit soudain en se rendant compte de ce qu'il faisait. Il ferma son carnet d'un geste sec et le glissa dans son bureau. Puis, il retourna aux notes de cours qui continuèrent à glisser sur sa mémoire comme l'eau sur le dos d'un canard. Plus tard, il se leva mécaniquement quand la cloche sonna pour la récréation. Ne jeta pas un regard vers l'arrière. Ne vit pas Avril s'approcher de son bureau, l'ouvrir. Prendre le cahier. Blêmir en voyant la violence du dessin. La violence, et le désespoir.

Autant de sentiments que Daniel avait appris à dissimuler. Se changer les idées, à tout prix, était le but qu'il recherchait. Il y parvenait d'autant plus aisément quand il était en compagnie de William et de Colin.

— Salut, les trois mousquetaires! les salua d'ailleurs Nadine quand il la croisèrent dans un couloir de l'école. Un pour tous...

— ... et tous pour un, compléta immédiatement Colin en rendant son sourire à la psychologue, sous l'œil intrigué de ses copains.

— De quoi vous parlez? demanda Daniel, intrigué.

— D'un roman d'Alexandre Dumas, répondit son ami. C'est vraiment *cool*, cette histoire.

— Il y a des animaux, là-dedans?

— Des chevaux, bien sûr, William! fit Nadine. Allez, je vous laisse. Salut, les gars. Soyez sages!

Elle avait lancé la dernière phrase à la légère. Ignorant totalement qu'ils n'allaient pas l'être du tout. Car au moment où ils se remirent en marche pour aller dehors, le concierge passa près d'eux en poussant le poteau à roulettes sur lequel était accroché le squelette ! Ses bras pendaient, sans… vie. Ce qui n'empêchait pas William de le saluer, en portant sa main à son front.

— Beau travail, soldat ! rigola-t-il.

Et, à ce mot, l'idée frappa Daniel si fort qu'il vit des étoiles. Enfin, presque.

— Suivez-moi…

Ses amis et lui découvrirent ainsi où logeait le squelette quand il n'était pas en « représentation » dans la classe. Un local adjacent au gymnase. Un placard, en fait, sombre et minuscule. Un vrai tombeau, quoi !

— Il ne mérite pas d'être enterré vivant…, commenta Colin.

— Il n'est pas vivant ! le corrigea William.

— Ça vous dirait qu'on l'aide à… ressusciter ? leur proposa Daniel, un drôle de sourire aux lèvres.

William et Colin ouvraient la bouche pour acquiescer quand le concierge réapparut.

— Qu'est-ce que vous faites ici ?

Pris au dépourvu, les trois garçons balayèrent le gymnase des yeux.

— On… on est venus pour voir… heu…, commença Colin.

— Les costumes… pour… pour le théâtre, fit Daniel en venant à son secours.

— Oui, c'est ça! s'exclama William. La directrice nous a demandé si on voulait faire du rangement là-dedans, après la classe. On a profité de la récré pour voir dans quoi on s'embarquait.

Ils se tournèrent d'un air sérieux vers la table où s'empilaient perruques, chapeaux, éventails, foulards, vêtements... Puis, se regardèrent en hochant la tête.

— Je pense qu'on va lui rendre ce service, conclut Daniel en s'adressant au concierge. Vous veillerez à ce que la porte du gymnase soit ouverte pour nous, après les classes?

L'homme fronça les sourcils. Finalement, il haussa les épaules.

— Si c'est ce que veut la directrice...

▲ ▲ ▲

C'est ainsi que, une fois la nuit tombée sur le village, Daniel et ses complices, transportant un objet allongé enroulé dans un tapis de gymnastique, se glissèrent sur la propriété du colonel « Dragoula ». William en tête, une lampe frontale fixée à son bonnet. C'est lui qui avait également fourni les *walkies-talkies* que le trio utilisait pour cette opération menée telle une attaque de commandos.

Toujours bien équipé, le William! C'est ainsi qu'il parvenait à attraper papillons et couleuvres, grenouilles et insectes qui occupaient les innombrables cages et aquariums disposés dans tous les coins et sur tous les meubles de sa chambre.

— La voie est libre, fit-il à voix basse dans l'émetteur-récepteur.

Daniel et Colin le rejoignirent bientôt dans le garage à auvent situé sur le côté de la maison du colonel. Ils déposèrent leur fardeau avec soulagement.

— Bien joué, les ga..., commença William.

Les aboiements furieux d'un chien l'interrompirent. Les trois garçons échangèrent des regards effrayés : depuis quand le « vampire » possédait-il un chien ?

— Ce... c'est peut-être un loup-garou..., avança Colin.

— Un loup-garou, ça hurle, le corrigea William avec assurance.

Après tout, le spécialiste des animaux, c'était lui. Ce qui ne rassura pas Colin. Il consulta sa montre et, involontairement, son visage se détendit : il avait trouvé une excuse imparable pour se défiler.

— Faut que je rentre chez moi. À la maison, l'heure du coucher, c'est sacré.

— Tu es chanceux si ça se limite à ça, laissa tomber William.

Ils connaissaient la mère de Colin. Elle était pointilleuse sur la ponctualité et la politesse.

— Ben... bonne chance, fit Colin, un peu mal à l'aise de laisser tomber ses amis. À demain.

Dès que la nuit l'eut avalé, les deux autres se penchèrent sur le tapis. Daniel le déroula tandis que William tira une bobine de fil en nylon de son sac à dos.

— Tu as eu une idée de génie, souffla William en se mettant au travail. Je ne trouve pas d'autres mots.

D'autres personnes se chargèrent d'en trouver pour lui afin de qualifier leur « démarche » de cette nuit-là. Entre autres, Marc.

Cela débuta dès le lendemain matin. Le père de Daniel faisait le plein d'essence à la station-service quand la Jeep du colonel s'arrêta à sa hauteur. L'homme passa la tête par la fenêtre de la portière et fit signe à Marc de s'approcher. Intrigué — et peut-être parce que l'ancien soldat possédait encore beaucoup d'autorité —, Marc obtempéra. C'est là qu'il aperçut le petit chien sur le sière arrière.

— Perdu sans collier, lui dit le colonel dans un français hésitant et un accent à couper au couteau. S'est réfugié chez moi. Veut plus partir. Vous connaissez lui ?

— Non, désolé. Mais... essayez au chenil du chemin du Verger. Demandez à parler à Julie Martin. Elle pourra sûrement vous aider.

— Merci, jeune homme, lui répondit le colonel en lui faisant un salut militaire bien solide avant de démarrer.

Marc le suivit des yeux, un vague sourire aux lèvres: il y avait bien longtemps qu'on ne l'avait pas appelé jeune homme! Mais bientôt, son visage se figea en un masque de surprise: un squelette était attaché, dans une posture grotesque, à la roue de secours accrochée à l'arrière de la Jeep!

— Vous avez vu un fantôme? fit soudain une voix tout près de lui.

Marc sortit de son hébétude et se retrouva nez à nez avec Nadine, qui venait également remplir le réservoir de sa Coccinelle verte.

— Pas un fantôme, un squelette..., lui répondit-il, encore sous le choc.

— Pardon?

— Heu... oubliez ça! se reprit Marc en fourrageant dans ses cheveux. Dites-moi, le... le colonel, vous savez, ce vieil homme qui...

— Oui, je vois de qui il s'agit. Je ne le connais pas personnellement, mais je peux vous dire que les enfants en parlent beaucoup, à l'école. Ils l'ont surnommé Dragoula et ils s'amusent à se faire des peurs à son sujet.

— Pourquoi? s'étonna le père de Daniel.

— Mais parce qu'il est différent, voyons! répondit Nadine du ton de celle pour qui cela est une évidence.

— Ce n'est pas une raison!

— Oh, faites-moi confiance: question de différence, je sais de quoi je parle, fit-elle, soudain sérieuse.

— Vous... vous voulez dire... parce que vous être Noire? bafouilla Marc.

Les yeux de la jeune femme s'écarquillèrent sous la surprise.

— Je suis Noire, moi?

Elle se pencha sur le rétroviseur et c'est avec un étonnement feint qu'elle poursuivit, en regardant Marc:

— Mon Dieu! Je n'avais pas remarqué!

Et elle éclata de rire, bientôt imitée par Marc.

— Vous en avez de bonnes, fit celui-ci au bout d'un moment.

— Vous aussi, lui répondit Nadine, du tac au tac.

Chacun reprit son véhicule et sa route. Marc, en se sentant étrangement léger. Comme si, en riant avec lui, Nadine avait soulevé une partie du voile noir qui faisait un linceul à son cœur depuis la mort de Catherine. Il se prit même à siffloter. Quelques notes à peine. Qui s'éteignirent entre ses lèvres quand il dépassa la Jeep du colonel, arrêtée sur l'accotement. Une voiture de police stationnée derrière elle. Le vieil excentrique s'était fait arrêter.

Marc eut un mauvais pressentiment.

Daniel, Colin et William également, quand ils aperçurent le colonel à l'école, en compagnie de Nadine. Ils étaient faits comme des rats. Sans possibilité de s'évader.

Wolf

Il lui en avait fallu, du temps! Mais, il y était arrivé. Wolf avait creusé pendant des heures afin de faire un trou sous la clôture grillagée de l'enclos où il n'en pouvait plus d'être enfermé.

Oh, en dehors de l'épisode de colère, il n'avait pas été maltraité! La nourriture était délicieuse et abondante. Ses nouveaux maîtres, finalement, s'étaient montrés attentionnés. Et la compagnie, agréable. Elle s'appelait Lady, la femelle barzoï avec laquelle il était enfermé. Elle était douce et belle. Mais Wolf n'avait qu'un désir. Retourner là où il avait été heureux.

C'est pour cela qu'il avait creusé. C'est pour cela qu'il se glissa sous la clôture. C'est pour cela qu'il s'élança dans les champs. Et, rapidement, disparut aux yeux de Lady. Qui ne songea pas à le suivre. Elle avait ses maîtres, elle. Et les barzoïs sont des chiens fidèles.

Chapitre 4

Familles et frictions

Les élèves n'avaient jamais entendu le rire de madame Caron. Certains affirmaient qu'ils l'avaient vu sourire... mais c'était presque une légende urbaine entre les murs de l'école. Eh bien, ce n'est pas aujourd'hui que Daniel, William et Colin allaient prouver que la directrice était capable d'amabilité!

Ils avaient laissé tellement d'indices derrière eux que leur culpabilité dans « l'affaire du squelette » avait vite été reconnue. Le concierge s'était rappelé leur présence dans le gymnase, près du placard dans lequel il rangeait le squelette. Et madame Caron savait bien qu'elle n'avait jamais demandé aux garçons de ranger les accessoires de théâtre.

Bref, quand ils suivirent Nadine dans le bureau de la directrice, ils se trouvèrent face à un visage de marbre. Un visage froid où seuls les yeux brûlaient… de colère, ce qui était loin de les rassurer.

— Asseyez-vous, leur intima madame Caron.

Elle n'avait pas fini de prononcer sa phrase… ou plutôt, d'aboyer son ordre, que les garçons avaient obéi. Une lueur de satisfaction traversa le regard de la directrice, ce qui eut pour effet d'effrayer encore plus le trio.

— Vous pouvez remercier Nadine, commença-t-elle. Grâce à elle, monsieur Dragu… monsieur Dagrolo… enfin, monsieur le colonel ne portera pas plainte contre vous pour cette plaisanterie stupide et inqualifiable.

« Elle n'est pas inqualifiable, puisque vous la qualifiez de stupide », pensa Colin, logique jusque dans les épreuves. Mais il ne fut pas assez brave — ou impertinent, diraient certains ! — pour dire sa pensée à voix haute. Il se contenta, comme ses copains, de lâcher, d'une voix étranglée, un « Merci » en direction de la psychologue.

— J'ai fait un marché avec monsieur Draghosculesco, fit alors cette dernière.

Il passe l'éponge à condition que vous, vous passiez le pinceau.

— Hein ? couina William sans comprendre.

Nadine sourit avec la bonté qui la caractérisait.

— Vous allez repeindre sa clôture, samedi. J'imagine que lors des expéditions que vous avez menées chez lui, vous avez remarqué qu'elle était dans un piètre état.

Un piètre état, c'était bien peu dire, constatèrent les garçons quand, le surlendemain, ils s'attelèrent à la tâche. Il leur fallut gratter la vieille peinture — heureusement, elle était si abîmée qu'elle partait en grands lambeaux. Colmater les fissures avec un produit spécial. Consolider certaines lattes à l'aide de clous. Et, enfin, appliquer une première couche de peinture. Puis une seconde.

La journée tirait à sa fin quand Avril s'arrêta devant la propriété retenant Gipsy qu'elle tenait en laisse. Le petit terrier s'était en effet élancé vers Daniel.

— Il te reconnaît, commenta Avril.

Le garçon, qui avait eu envie d'accueillir le chien d'une caresse, retint son mouvement.

— Ça m'étonnerait, laissa-t-il tomber avec une indifférence feinte. Je ne le connais pas.

« Menteur », pensa Avril. Mais elle n'insista pas. Daniel n'apprécierait pas. Et elle n'avait pas envie de le mettre en colère ou, pire, de le blesser. Elle se contenta donc de s'agenouiller près de l'animal et de lui caresser la tête gentiment.

— Tu... tu l'emmènes où? lui demanda Daniel.

— Je le promène. J'ai décidé de l'apprivoiser.

— Bonne chance! Il paraît qu'il n'a pas un caractère facile.

— Il n'est pas le seul, murmura Avril.

Mais elle parla si bas que le garçon ne comprit pas. Il les regarda s'éloigner, elle et le Jack Russell terrier. Une fille qui, finalement, n'était pas aussi déplaisante que les autres. Un animal abandonné qui donnait l'impression d'être en quête d'amour.

— Ça me fait penser à quelqu'un, soupira-t-il.

Il y avait du Gipsy en lui. Mais il ne l'aurait avoué pour rien au monde. Surtout pas à Marc. Son père et lui vivaient sur deux planètes différentes depuis des mois. Le mauvais tour qu'il avait joué au colonel les avait propulsées aux confins de l'Univers. Si seulement Marc l'avait puni. Ou engueulé. Ou menacé de... de n'importe quoi! Le confier aux services sociaux, le mettre en pension dans un collège.

Mais non. Il avait dévisagé Daniel avec des yeux où se lisait la déception.

— Qu'est-ce que tu espérais, en faisant cela? Me rappeler que tu n'es pas parfait? Ce n'était pas nécessaire. Tu ne me laisses pas l'occasion de l'oublier.

Ce fut tout. Depuis, le silence était devenu de plomb. À l'image de celui qui opposait — c'était vraiment le mot! — le colonel à ses trois... esclaves. Ça, c'était le mot de William, qui ronchonnait depuis le matin. Mais ce silence-là ne faisait pas mal à Daniel. Il était mérité et bienvenu. Qu'aurait-il bien pu dire au vieil homme, de toute façon? Les excuses avaient été présentées. Restait la peine à compléter. «Ce qui serait bientôt chose faite», pensa Daniel en peignant le dernier piquet.

Il se retourna pour voir le travail qu'ils avaient abattu. Et ne put s'empêcher d'en être fier.

— Toi raison être content. Tout ça, très beau..., fit le colonel.

Daniel sursauta: il ne les avait pas entendus approcher, lui et Bobby, le chien perdu qui, désormais, ne quittait plus le colonel. L'ancien soldat était pourtant là, un plateau dans les mains, qu'il déposa sur la rocaille. Trois verres de limonade et des biscuits s'y trouvaient.

— Je suis content parce que c'est fini, pas pour autre chose, grommela le garçon.

Il n'allait pas faire aussi facilement la paix avec… l'ennemi !

— Bien sûr, bien sûr…, répondit le colonel en s'éloignant vers sa maison, Bobby sur les talons.

Accent ou pas, Daniel entendit bien le petit rire moqueur dans la voix du vieil homme. Peut-être est-ce pour cela que, quand ses copains, assoiffés, s'emparèrent chacun d'un verre, il lança, plus fort que nécessaire :

— Attention ! Qui dit qu'il n'a pas mis de poison là-dedans ?

Le garçon vit le dos du colonel se raidir sous l'insulte. Mais le vieil homme, fier, ne ralentit même pas.

— Du poison ou de la drogue, ajouta William. C'est avec ça que les maniaques neutralisent leurs victimes.

— Parce que maintenant, c'est un maniaque et pas un vampire ! lui fit remarquer Daniel, moqueur.

— Vous êtes débiles, les gars ! s'exclama Colin. Tout le monde sait qu'on est là. Il se ferait prendre tout de suite si jamais il nous arrivait quelque chose.

Pour prouver ses dires, il avala d'un trait la moitié d'un verre de limonade. Le leva, ravi, à la santé de ses amis…

et se figea. Son visage se tordit de douleur. Ses yeux s'écarquillèrent de terreur. Sa main libre se porta à sa gorge tandis que l'autre laissa échapper le verre sur la pelouse. Colin ne tarda pas à l'y rejoindre: ses genoux flanchèrent et il tomba sur le dos, devant Daniel et William glacés d'horreur.

Il fallut quelques secondes pour que ce dernier se secoue et se penche sur le jeune Asiatique inanimé. Il colla une oreille sur sa poitrine, pris son pouls au poignet. Passa une main devant son nez pour voir s'il respirait. Puis hocha la tête d'un air grave.

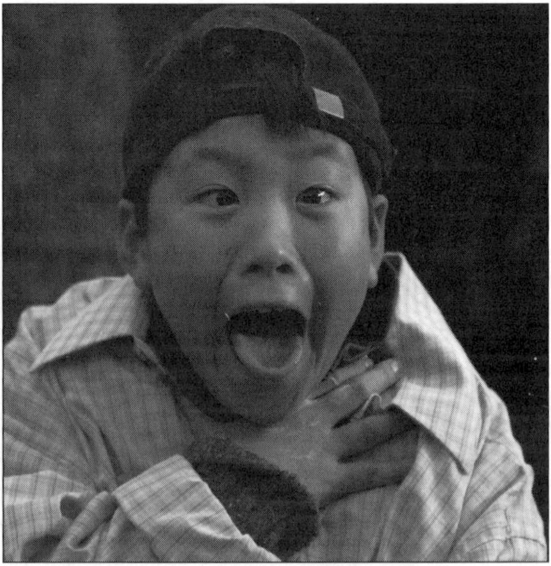

— Je pense qu'il va falloir des mesures extrêmes pour…

Tout en parlant, il attrapa son pinceau et…

— … le ranimer ! termina-t-il en appliquant une couche de peinture blanche sur le nez de son ami… qui s'assit en hurlant.

— Tu es malade ou quoi ?

— Peut-être, mais toi, tu es guéri, pouffa William.

Dissimulée derrière un arbre, Avril ne perdit pas un mot de la scène qu'elle observa avec perplexité. Les garçons étaient décidément des êtres bizarres. Pas mal plus bizarres que les chiens, dont le comportement était toujours prévisible. Enfin, presque toujours — se rendit-elle compte quand, le soir venu, elle rejoignit sa mère dans la salle à manger.

Les livres de comptabilité s'empilaient devant Julie qui les avait abandonnés pour parler au téléphone.

— … n'est-ce pas ? De mon côté, si j'ai des nouvelles, je vous appelle sans faute. Bonne chance !

Elle raccrocha et demeura songeuse.

— Qui était-ce ? demanda Claire, qui lisait devant le foyer.

— Les gens de Rivière-du-Loup chez qui j'ai laissé Wolf. Il a disparu il y a deux jours. Ils l'ont cherché partout mais ils ne l'ont pas retrouvé.

Avril sentit sa gorge se serrer. Pauvre Wolf! Si malheureux ici, parce que tout lui rappelait Catherine! Et, probablement, si malheureux ailleurs, où rien ne lui rappelait son ancienne maîtresse. Si malheureux partout, quoi! Comme Daniel.

Daniel! Sa séparation d'avec Wolf l'avait profondément ébranlé. Même si, maintenant, il fanfaronnait et faisait celui qui s'en fichait, Avril sentait qu'il se mentait à lui-même. Peut-être parvenait-il à se convaincre, certains jours, de sa «fausse» bonne humeur... Mais Avril voyait clair dans son jeu. On ne peut faire aussi aisément le deuil d'un ami. Or le chien est le meilleur ami de l'homme. Et de la femme. Et de la fille. Et du garçon.

— Tu ne vas pas le dire à Daniel, hein? demanda-t-elle à sa mère d'un ton qu'elle espérait dégagé... mais qui ne l'était probablement pas, si elle se fiait au regard amusé que Julie échangea avec Claire.

— Non, je ne lui dirai rien, fit Julie. Il a tourné la page sur ce sujet-là et, étant donné que ce n'est pas un souvenir heureux pour lui, pas la peine de retourner le couteau dans la plaie. Ne t'en fais pas.

— Je ne m'en fais pas ! se rebiffa Avril.

Julie se contenta d'un petit sourire. Ce qui eut le don de hérisser sa fille.

— Quoi ?! Qu'est-ce qu'il y a ? fit-elle avec mauvaise foi.

— Rien, rien…, répondit sa mère.

— Quand tu souris de cette manière, c'est qu'il y a quelque chose.

— Bien… il me semble que tu me parles souvent de Daniel, ces temps-ci.

Avril sentit le rouge lui monter aux joues. Elle n'en continua pas moins de se cabrer.

— Je ne m'inquiétais pas pour Daniel. C'est pour Wolf que je m'en fais !

Et elle tourna les talons pour regagner sa chambre, suivie des yeux par sa mère et sa grand-mère.

— Elle change, murmura Julie.

— C'est normal… et rassurant, non ?

— J'ai l'impression qu'elle te ressemble de plus en plus.

— Ah oui ? Ça, c'est moins rassurant ! fit Claire en souriant.

— Disons plutôt que ça risque de ne pas être reposant, pouffa sa fille.

Elles étaient heureuses, Claire et Julie, de cette complicité qui les unissait aujourd'hui. Toutes les deux.

En fait, toutes les quatre. Avec Nadine, qui savait laisser à l'école ou déposer dans son atelier de poterie les problèmes de ses protégés — histoire de rentrer, sereine, à la maison. Et Avril, malgré la houle que l'adolescence commençait à provoquer sur le fleuve tranquille qu'était jusqu'ici sa vie.

Un fleuve qui avait connu quelques remous, quand les parents de la fillette — elle avait alors quatre ans — s'étaient séparés. Mais cela faisait si longtemps qu'Avril avait fini par se faire à l'idée. Mais combien de fois, à l'époque, avait-elle envié Daniel! Et soudain, le drame avait réduit en miettes cette famille que plusieurs considéraient comme idéale. Un but que visait désespérément la mère de William, qui mettait beaucoup d'efforts pour créer une telle illusion de perfection — ne se rendant pas compte qu'elle devenait, par le fait même, un problème. En particulier pour son fils, qui devait rivaliser d'ingéniosité afin de se livrer à ses passions animales... dans le sens qu'il adorait les animaux. Les bêtes, d'ailleurs, le lui rendaient bien. Enfin, à leur manière.

— Je compte sur vous, les gars. Ne me laissez pas tomber... et ne la laissez pas tomber, elle! dit William à Daniel et Colin en brandissant un petit sac de plastique noir qui gigotait d'étrange façon.

Il ne laissa pas à ses amis le temps de poser des questions. Il les entraîna à l'intérieur en multipliant les mises en garde.

— Faites attention : ma mère, c'est un vrai radar. Elle voit tout. Alors, vous connaissez le plan, hein ?

— On connaît, on connaît..., grommela Daniel qui, soudain, colla un sourire à son visage. Oh, bonjour !

La mère de William venait d'apparaître, un plumeau à la main, l'œil suspicieux.

— Salut, m'man ! On va jouer dans ma chambre, annonça William en tentant de la contourner.

— Un instant, jeune homme ! Qu'est-ce que tu rapportes ? Ne me dis pas « rien », je sais que tu rapportes quelque chose. Tu as ton air à deux airs.

William ouvrit de grands yeux innocents, retourna ses poches et montra ses mains vides — se félicitant intérieurement d'avoir confié sa précieuse acquisition à Colin. Lequel, les mains dans le dos pour dissimuler le sac de plastique à la mère-radar, fronçait maintenant les sourcils.

— C'est quoi, un air à deux airs ? demanda-t-il innocemment.

— C'est l'air qu'il fait lorsqu'il rapporte une cochonnerie à la maison. Et toi, qu'est-ce que tu caches derrière ton dos ?

— Rien, madame ! fit mine de se vexer Colin... qui eut juste le temps de refiler le paquet à Daniel.

La mère de William hocha la tête d'un air entendu avant de se tourner vers Daniel qui n'attendit pas d'être accusé : après avoir redonné le sac en catimini à William (qui le cachait de nouveau derrière lui), il tendit ses mains vides.

— Oh, je n'allais pas te soupçonner, toi, mon pauvre garçon. Pas de maman pour s'occuper de toi, ça ne doit pas être facile tous les jours.

Daniel serra les dents. D'accord, ce n'était pas facile. Mais pas pour les raisons qu'imaginait cette femme qui, le prenant en pitié, chassait trois grains de poussière de son épaule, replaçait sa casquette afin qu'il la porte d'une manière qu'elle jugeait plus appropriée, s'inquiétait de sa santé dentaire. Ses dents ! C'est son cœur qui était en train de carier. Peut-être qu'il aurait fallu qu'il le brosse de haut en bas, de droite à gauche, matin et soir !

Mais il ne pouvait pas dire cela. Il se contenta donc d'écouter. Puis, il rejoignit Colin et William dans la chambre de ce dernier. Une chambre pleine de « quelques choses » et de «n'importe quoi», aurait dit la mère de son ami. Une chambre de futur zoologiste, affirmait William en contemplant avec fierté les nombreux aquariums, cages et leurs innombrables habitants. Dont une petite nouvelle: une couleuvre que le garçon retira du sac de plastique.

— Qu'elle est belle! lança-t-il. Non mais qu'est-ce qu'elle est belle!

Il la déposa dans un vivarium déjà occupé par une grenouille qui, reculant d'un bond, afficha son désaccord face à l'arrivée d'une locataire supplémentaire.

— Oh, tu es jalouse! s'exclama William en l'attrapant et en l'élevant au niveau de son visage pour faire mine, en avançant ses lèvres, de l'embrasser.

— Tu veux la changer en princesse? se moqua Daniel.

— Tu sais ce qu'elle te dit, ma princesse?

— Sois pas grossier, William! le réprimanda Colin.

— Toi, si tu continues, tu vas te transformer en ma mère!

Colin frémit à cette idée. Puis, étant donné qu'il était question de mère, il regarda sa montre. Il était l'heure de souper. Il salua William et le quitta en compagnie de Daniel pour qui il était également temps de rentrer. Tout en sachant qu'il y avait peu de chances pour que son père soit à la maison: Marc travaillait tous les jours sur le projet de centre commercial qui hérissait la grand-mère d'Avril.

Comme de fait, la maison était vide quand Daniel arriva. Le frigo aussi, d'ailleurs. Par contre, le congélateur débordait de plats surgelés mais le garçon était en voie de faire une indigestion de ce type de repas. Il décida plutôt de passer le temps en s'entraînant à faire des paniers au basket-ball, devant l'entrée du garage. Il n'aimait pas particulièrement ce sport, mais l'exercice lui permettait de tout oublier.

C'est pourquoi il sursauta quand Colin s'amena dans son dos, une casserole dans les mains.

— Qu'est-ce que tu fais là? s'étonna-t-il en examinant son copain.

— J'ai pensé que tu n'avais peut-être pas soupé et puisque ma mère a préparé assez de *dumplings* pour douze personnes, ben... je t'en ai apportés. Ça te dit?

Daniel hésita. Il avait faim, mais...

— C'est quoi, des dump-machins?

— Des… des raviolis chinois, genre… Tu en veux?

Daniel en voulait. Mais il aurait refusé s'il avait su que son repas se ferait au rythme d'un interminable monologue. Colin parla, parla, parla. De sa mère. De son amour de la cuisine traditionnelle chinoise. De la manière dont elle racontait à ses enfants les traditions de leur pays d'origine. Du rituel auquel ils se livraient le soir, au moment d'aller dormir.

— Tu vois, quand on se couche, mon frère et moi, elle nous embrasse sur le front puis sur chaque paupière. Ça protège contre les cauchemars.

— Et ça marche? demanda Daniel, sceptique, entre deux bouchées.

— Bien sûr que ça marche! Quand elle est partie en voyage, l'an dernier, elle ne pouvait pas me souhaiter bonne nuit comme ça… ben, j'ai fait des mauvais rêves toutes les nuits. Heureusement, elle n'était partie que pour une semaine!

Là, Daniel ne répliqua rien. Son visage se ferma et il repoussa son assiette. Sa mère et lui avaient également leur petit moment spécial avant qu'il n'éteigne la lumière pour la nuit. Il était couché, la couverture remonté jusqu'au menton. Elle se penchait sur lui. Le serrait dans ses bras, fort, et enfouissait sa tête à elle dans son cou à lui. Là, elle lui chuchotait des « Bonne nuit, mon chou. Fais de beaux rêves. » Il lui en souhaitait de bons, à son tour, la voix pleine de rires : le souffle de Catherine, ou ses cheveux quand elle les portait plus courts, le chatouillait. C'était doux.

« Tu me le diras, quand tu ne voudras plus, hein ? » lui avait-elle dit... quoi ? deux ou trois semaines avant qu'elle ne s'effondre dans le parc. « Tu commences à être grand. » La veille, William et Colin avaient couché à la maison et il avait éteint la lumière avant qu'elle ne vienne. Elle avait compris le message.

Elle comprenait tout, Catherine. Maman.

— Salut, les gars !

« Elle comprenait. Contrairement à lui », pensa Daniel en posant un regard noir sur son père qui arrivait enfin.

Marc le sentit. Il sentit la colère, oui, elle était évidente... et tellement commune, à présent, chez son fils. Mais il perçut aussi que ce masque-là, de marbre, cachait autre chose. Comme si la cicatrice à vif du deuil venait, encore une fois, de s'ouvrir. Une fissure dans la pierre. Mais pas une lézarde dans le barrage qui les séparait. Malheureusement.

— Je… Je n'ai pas eu le temps de te téléphoner pour te dire que je serais en retard, fit-il, mal à l'aise.

— Si tu crois que tu as encore besoin de téléphoner, répondit Daniel, le nez dans son assiette. Tu es en retard tous les jours. Est-ce qu'on peut encore appeler ça du retard ?

Son père ouvrit la bouche, mais rien ne vint. Il la referma et, avec un soupir, se dirigea vers l'escalier qui descendait à son bureau.

— Je reviens tout de suite, marmonna-t-il.

— Encore une promesse, souffla Daniel.

Seul Colin l'entendit. Marc était déjà dans le sous-sol.

Chapitre 5

Les héros fatigués

Penché sur les plans du centre commercial qu'il avait déroulés sur sa table à dessin, Marc avait la tête à mille lieues du travail. Il mordillait son crayon comme s'il avait des comptes à régler avec lui. L'homme avait envie de remonter, de poser ses mains sur les épaules de Daniel. De regarder son fils dans les yeux.

Mais il avait peur. Terriblement peur de ce qu'il lirait au fond de ce regard. Des questions qu'il y verrait. Auxquelles il n'avait pas de réponses. Il n'était que… qu'un…

Le crayon se cassa avec un bruit sec entre ses doigts.

— Qu'un incapable, murmura-t-il.

Dire qu'il n'y a pas si longtemps, enfin… cinq ou six ans, Daniel le voyait comme un grand homme. Un héros, presque. Un gamin de cet âge n'avait pas peur des mots. Or Marc était celui qui avait transformé le terrain vague en un parc qui faisait l'envie de toutes les municipalités environnantes. Il y avait la piste cyclable longeant la rivière. L'aire à pique-nique donnant sur la montagne. La salle polyvalente permettant d'accueillir des troupes de théâtre, des groupes rock, des humoristes et même le spectacle de fin d'année de la polyvalente.

— Eh bien, il a perdu sa cape, le héros ! ironisa Marc en attrapant un autre crayon.

Avec un petit rire aigre, il retourna aux plans. Y passa la soirée. Et s'endormit dessus. Quand il remonta, au matin, Daniel était déjà parti pour l'école. Marc ignora qu'au milieu de la nuit, son fils était descendu pour voir si tout allait bien. S'il respirait. S'il vivait.

Tout ce qu'il sut, en fait, c'est que Daniel avait oublié son sac d'école.

— Encore ! soupira-t-il.

Quelques minutes plus tard, une ride de contrariété barrant son front, il stationnait devant l'école. Il sortait de l'automobile quand Nadine s'approcha de lui. Il ne put s'empêcher de remarquer comme elle était belle, ce matin-là. Un large bandeau fuchsia retenait ses épais cheveux noirs vers l'arrière, dégageant son visage avenant au sourire éblouissant.

— Bonjour ! lança-t-elle.

Son sourire s'agrandit encore quand elle aperçut le sac à dos rouge.

— C'est celui de Daniel ? pouffa-t-elle.

L'agacement de Marc s'évanouit alors par magie, de même que la ride sur son front. Il secoua la tête avec un désespoir feint.

— Je me demande pourquoi la NASA n'a pas encore décoré mon fils ! Après toutes les missions qu'il a menées sur la Lune !

— Au moins, il aura prouvé qu'il y a de la vie là-haut, plaisanta Nadine en levant les yeux au ciel. Allez, donnez-moi ce sac, je vais l'apporter à notre astronaute préféré !

— Vous… heu… vous êtes gentille. Merci, lui répondit Marc d'une voix embarrassée.

Il lui tendit le sac avant de tourner les talons. Puis, revint vers elle.

— Avec Daniel…, commença-t-il.

— Oui ? insista Nadine puisqu'il faisait durer la pause.

Marc se racla la gorge.

— Est-ce que ça se passe bien ? Est-ce qu'il est…

Il se tut de nouveau. Mal à l'aise. Il ressemble tellement à son fils, se dit Nadine.

— Ça vous préoccupe ? demanda-t-elle, maintenant sérieuse.

— Un peu, oui… C'est vrai qu'à son âge, ce n'est pas toujours évident de… Et puis, il y a… C'est pour…

Il fourragea dans ses cheveux, regarda à droite et à gauche comme s'il se sentait pris dans un piège invisible. Mais le seul piège qui se trouvait à proximité était la compassion qu'il sentait en Nadine. Le hic, c'est qu'il ne voulait pas de ça. Ni pour lui ni pour Daniel. Il était trop fier pour accepter que quelqu'un puisse les prendre en pitié — et c'est ce qu'il crut sentir dans l'attitude de Nadine. Il se ferma donc. Cela fit, dans sa tête, le même petit bruit sec que le crayon, quand il s'était brisé. Clac ! Fini. On passe à autre chose. Un autre crayon. Une autre conversation.

— Je ne veux pas vous déranger, laissa-t-il alors tomber d'une voix rauque. Merci pour le sac et…

— Vous ne me dérangez pas, l'interrompit Nadine.

Elle aurait pu ajouter que c'était son travail, d'écouter et de conseiller. Mais ç'aurait été une erreur. D'ailleurs, dans ce cas précis, ce n'était pas qu'un travail. Quelque chose de plus profond l'appelait vers ce garçon et son père. Deux êtres démunis mais attachants malgré les faux pas que la souffrance les poussait à faire. Et qui les éloignait l'un de l'autre. Elle le sentait. Comment pouvait-elle le leur faire savoir?

— Je serais très heureuse que nous prenions le temps de parler de tout ça, Marc, reprit-elle. Vous avez une minute?

Elle le vit hésiter. Une seconde. Puis se reprendre. Il jeta un coup d'œil à sa montre. Et lui mentit. Elle le sentit. Il le sut. Mais il n'y pouvait rien. Il n'était pas prêt à parler.

— J'ai une réunion à l'hôtel de ville et je suis en retard. Je... Je vous fais signe d'ici un jour ou deux, conclut-il en s'engouffrant dans son véhicule.

Nadine hocha la tête et regarda la voiture s'éloigner. Elle soupira... et, en se retournant, entra presque en collision avec Daniel.

— J'ai oubl... commença le garçon dont le visage s'éclaira à la vue de ce que lui tendait Nadine. Mon sac! Merci!

— Tu remercieras ton père.

Le sourire s'effaça du visage de Daniel. Marc s'était rendu compte de son oubli. Ça augurait mal pour ce soir. Enfin, si jamais ils se croisaient dans la maison! Au fond de lui, malgré la dispute que l'incident laissait présager, Daniel l'aurait souhaité. Tout plutôt que d'être encore seul.

Mais personne n'entendit son souhait. Il soupa en solitaire. Un plat qui n'était sûrement pas mauvais. Mais il eut l'impression d'avaler du carton. «La prochaine fois, je mange l'emballage. Ça reviendra au même», pensa-t-il en jetant la boîte dans le bac à recyclage avant d'allumer la télévision. Il tomba d'abord sur une rediffusion de *La Guerre des tuques*... qu'il zappa immédiatement: il avait si souvent vu ce film avec sa mère! C'était une histoire qui l'avait marquée, même si elle était âgée de 16 ans la première fois qu'elle l'avait vue au cinéma. L'histoire d'amour l'avait charmée. La mort du chien l'avait dévastée.

Marc, qu'elle venait de rencontrer à l'époque, avait eu une réaction semblable. Elle y avait vu un bon présage. C'est donc l'un des premiers longs métrages que, des années plus tard, ils avaient achetés en vidéocassette, puis en DVD. Ils en connaissaient des répliques par cœur. Combien de fois, pour s'amuser, ils avaient joué à Daniel la scène dans laquelle Luc balaie la neige sur l'épaule de Sophie!

— Tsss... C'est bébé, siffla Daniel entre ses dents en tentant de zapper cette image dans sa tête.

Mais la télécommande mentale est beaucoup moins efficace que la télécommande électronique qu'il tenait à la main et grâce à laquelle il tomba face à face avec... le colonel Draghosculesco. En marchant vers l'école, Daniel avait bien remarqué, quelques jours plus tôt, le camion de tournage stationné devant la maison du vieil homme.

— Je vous parie qu'il parle de nous aux journalistes, avait maugréé William.

— Il va leur raconter le coup du squelette. Il va leur dire que j'ai fait semblant d'être empoisonné par sa limonade. Je suis sûr qu'il m'a vu faire! avait soupiré Colin.

— Il va sûrement se plaindre de... cette jeunesse corrompue! avait conclu Daniel sur un ton acide, imitant ce qu'il imaginait être le discours du vieil homme. Il doit sûrement se dire que dans son temps...

Dans son temps, rien. C'est ce que Daniel comprit ce soir-là, quand il tomba sur l'émission dans laquelle le colonel parla de sa jeunesse – et non des plaisanteries de mauvais goût que les garnements du quartier lui avait jouées.

— J'avais 18 ans au début de la guerre, raconta le vieil homme. La Seconde Guerre mondiale, comme on l'a appelée depuis. Au bout de deux ans, je suis devenu le plus jeune pilote de l'armée de l'air tchécoslovaque. Après l'invasion allemande, j'ai réussi, avec quelques compagnons, à rejoindre l'Angleterre. Nous avons participé à une centaine de missions de bombardement.

— Vous êtes un héros, colonel Draghosculesco..., murmura le journaliste.

Il se tourna vers la caméra.

— Un vrai, un grand héros de guerre, poursuivit-il. Et nous avons l'honneur, aujourd'hui, de le compter parmi les habitants de notre municipalité.

Il revint au colonel.

— Qu'est-ce qui vous a poussé à venir vous installer chez nous ?

Un léger sourire étira les lèvres du vieil homme, multipliant les rides sur ses joues parcheminées.

— J'avais l'impression que je serais bien reçu.

— Et c'est le cas ? reprit le journaliste avec une moue entendue : il ne doutait pas de l'hospitalité de ses concitoyens.

Les yeux du colonel se plantèrent dans la caméra. Il sembla regarder directement Daniel. Qui n'entendit pas la réponse : accablé de honte, il changea de poste. Exactement au moment où William, qui avait ressenti un sentiment d'humiliation en découvrant la vraie nature de son « vampire », fit de même.

Sauf que, contrairement à Daniel, William possédait la faculté de passer en un éclair d'un état d'âme à un autre.

Ainsi, il changea de chaîne de télévision et tomba sur une scène des *Oiseaux*, d'Alfred Hitchcock. On y voyait des enfants qui sortaient de l'école en courant, en tentant d'éviter — sans succès — les attaques meurtrières de milliers d'oiseaux. William resta bouche bée devant la scène. Mais bientôt, l'horreur quitta son regard pour laisser place à une lueur machiavélique.

Cette idée-là, celle qui venait de lui traverser l'esprit, s'il ne l'avait pas eue, personne n'aurait pu l'avoir. Personne. Il n'avait qu'une hâte : la partager avec Colin et Daniel. Il avait d'ailleurs rendez-vous avec eux le lendemain, au casse-croûte. Ça allait être génial. Mémorable.

Même si, dans les faits, la petite réunion commença sur une autre note… et par un autre sujet. Daniel rougit en entrant dans le restaurant où Colin avait déjà pris place. Avril et ses deux amies, Bianca et Charlotte — c'est pour cela qu'elles avaient formé le Club ABC, dont elles étaient les seules membres —, étaient installées à une table voisine. Il passa devant elles et salua Avril d'un signe de la tête, un peu trop raide à son goût. Elle le lui rendit, provoquant les gloussements de ses copines. Daniel préféra ne pas s'attarder.

Il rejoignit Colin, à qui il raconta en détail le reportage concernant le colonel.

— Tu te rends compte, il avait 20 ans et il pilotait un avion de guerre pour bombarder les Allemands!

— Le chanceux! s'exclama Colin avec enthousiasme.

Le visage de Daniel s'assombrit.

— Ne dis pas ça. Presque tous ses copains se sont fait descendre. Tu ne peux pas appeler ça de la chance.

Les remords apparurent sur le visage de Colin. À son tour de réaliser à quel point la farce qu'ils avaient jouée au vieil homme était déplacée.

— Il paraît qu'il a reçu une médaille de la reine d'Angleterre, poursuivit Daniel, admiratif.

— Waouh ! C'est sûrement la première fois qu'un vampire reçoit une décoration ! lâcha Colin.

Il adressa une grimace moqueuse à son ami qui, surpris par ce brusque revirement d'humeur, éclata de rire. Les filles se tournèrent vers eux. Charlotte émit un petit claquement de langue agacée, pour bien montrer qu'ils les dérangeaient. Le regard d'Avril s'attarda toutefois sur Daniel. Bianca le remarqua.

— Tu le trouves mignon, chantonna-t-elle.

— Tu es folle, se rebiffa Avril. Il ressemble à un cure-dent.

Ses deux amies lui lancèrent un regard appuyé qui semblait dire : « Tu nous prends pour qui ? » Puis, elles se tournèrent l'une vers l'autre.

— Mon frère dit qu'il est comme ça depuis que sa mère est morte, fit Bianca.

— Comme ça ? Tu veux dire... pas bien dans sa tête ? C'est ce que ma mère dit aussi, ajouta Charlotte.

Elles revinrent à Avril, qui ouvrait la bouche pour protester. Mais la jeune fille fit marche arrière. Que leur dire pour les convaincre de... De quoi, en fait ? Un soupir et un haussement d'épaules suffirent à conclure ce chapitre de la conversation. Elle jeta quand même un dernier coup d'œil en direction de la table voisine. Chose que William, qui arrivait, constata avec amusement.

— Ta blonde ne te lâche pas des yeux, annonça-t-il à Daniel tout en s'assoyant.

— C'est pas ma blonde, tête de noix! riposta vivement Daniel en se sentant rougir jusqu'aux oreilles.

— Ouin, ouin..., fit Colin sur un ton conciliant que démentait la lueur moqueuse dans son regard. Lui, il a pas de blonde et toi, tu es en retard. Tu es allé à la pêche aux grenouilles ?

Il prononça ce dernier mot à voix très haute, en observant Avril. Et il obtint la réaction qu'il espérait: la fille sursauta. Elle n'avait pas encore digérer le tour que lui avait joué les trois mousquetaires. Enfin, William surtout. Après tout, les bestioles dégueulasses, c'était dans son registre à lui. Colin n'affichait aucune affinité pour les bêtes. Quant à Daniel, parmi la gent animale, seuls les chiens retenaient son attention. Enfin, jusqu'à récemment.

Maintenant, son cœur semblait fermé à toute affection — animale et humaine.

Tandis que William, c'était autre chose! Et, dans la tête d'Avril, ce n'était pas un compliment.

— On y va? demanda-t-elle à ses amies.

Celles-ci opinèrent du bonnet et se levèrent. Avril, elle, prit le temps de vider la salière sur son *banana split* à moitié entamé. Elle brassa un peu la crème fouettée qui le recouvrait, afin de faire disparaître toute trace de sel puis marcha vers la table où les garçons tenaient un conciliabule.

— J'ai vu un vieux film d'horreur, hier soir, racontait William. Ça m'a donné une idée…

— … géniale, complétèrent, en chœur, Daniel et Colin.

À ce moment-là, Avril déposa son assiette devant William.

— Il faut qu'on parte et je n'arrive pas à finir ma crème glacée, minauda-t-elle. Je te la donne, si tu veux.

Et elle tourna les talons pour s'éloigner vivement.

— Dans le fond, c'est peut-être moi qu'elle regardait, tout à l'heure… murmura-t-il une fois la surprise passée.

Il engouffra une énorme bouchée de crème fouettée… avant de la recracher en grimaçant.

— Ah, la vache! gronda-t-il en cherchant Avril des yeux.

— Pas la vache, la grenouille! s'esclaffa celle-ci en franchissant la porte.

— Ça ne rend pas l'affaire meilleure, constata aigrement William en s'emparant d'un verre d'eau qu'il but d'un trait sous les rires de ses amis — moqueur de Colin, soulagé de Daniel… qui avait cru un instant à l'intérêt d'Avril pour son copain.

C'est à ce moment-là que l'averse commença.

Wolf

La pluie tombait inlassablement sur Wolf. Le barzoï trottait sur l'accotement de l'autoroute, indifférent aux voitures et aux camions qui le dépassaient. Le klaxonnaient. Le frôlaient. L'éclaboussaient.

Son pelage, que Catherine brossait souvent et avec amour, pendait lamentablement. Sali. Terne. Emmêlé. Mais l'animal en était un de race et rien ne peut effacer cela. Il apparaissait comme un roi portant les atours d'un mendiant.

Pas étonnant qu'une automobiliste se soit arrêtée, la veille, à sa hauteur. Elle avait essayé de l'approcher. Wolf ne s'était pas laissé faire. Oh, il avait été tenté par le morceau de jambon qu'elle avait retiré de son sandwich pour le lui offrir! Il était d'ailleurs parvenu à s'en saisir. Avant de se sauver à « tire pattes ».

Chapitre 6

Dégringolades

— Vous êtes prêts, les gars ? souffla William à Daniel et Colin quand ils furent en vue de la grange des Martin.

Ses amis hochèrent la tête. Après tout, ils avaient maintenant fait officiellement leur *modus vivendi* du

« un pour tous et tous pour un » des trois mousquetaires. Ils se faufilèrent donc, à la queue leu leu, dans le vieux bâtiment situé derrière la grande maison jaune où vivait Avril et sa famille.

« Pourvu qu'elle ne me voie pas… », pensa Daniel en mettant ses pas dans ceux de William et en entendant, dans son dos, la respiration oppressée de Colin. Ils étaient d'accord pour suivre William, mais cela ne les empêchait pas d'avoir la frousse. Au contraire.

La situation ne s'améliora pas quand ils entrèrent dans la grange. L'immense bâtiment était sombre et inquiétant. La lumière y pénétrait par les fentes entre les lattes de bois. Deux fenêtres, qui s'ouvraient dans les hauteurs, étaient partiellement protégées par des volets mal fermés qui claquaient au vent. Et, partout, ça craquait. Ça grinçait.

Seul William semblait heureux et à l'aise en ces lieux. Lui qui comptait une tarentule parmi ses amis ne craignait pas les araignées inoffensives qui tendaient leur toile ici et là. Lui dont la chambre ressemblait à un capharnaüm n'était pas dépaysé dans cet amoncellement de bottes de foin, de planches, d'outils de jardinage, de pièces de tracteurs et de vieilles tondeuses.

— Vous allez voir ce que vous allez voir, fit-il en enfilant une paire de gants en épais caoutchouc.

Un grand sac de jute retenu à la taille par une ceinture, il grimpa dans l'échelle appuyée contre un mur afin d'atteindre la première d'une série de petites boîtes en bois pourvues d'une ouverture dans la partie inférieure. Il l'entrouvrit, y glissa sa main gantée et, en multipliant les précautions, l'en retira. Serrant entre ses doigts… une chauve-souris!

— Bonjour, mon bébé, murmura-t-il à l'animal paniqué. Je vais te faire montrer du pays…

— Je ne sais plus si c'est une bonne idée, fit alors Daniel sur un ton dubitatif. Je ne pense pas que tu vas pouvoir en attraper une cinquantaine. Et puis, comment tu vas faire pour les mettre dans les casiers de l'école? C'est mission impossible, ton truc.

— Lâche! grinça William du haut de l'échelle. Dis-le tout de suite que tu as peur de faire de la pé-peine à ta blonde!

— C'est pas ma bl…, commença Daniel par habitude.

— Cause toujours! Et toi, Colin, tu ne me laisses pas tomber, au moins?

Mais Colin semblait songeur.

— Ne me dis pas que tu es, toi aussi, en amour avec Avril ?!

— C'est pas ça, William ! riposta-t-il. C'est juste que… bien, tu sais, madame Martin, elle les garde pour des raisons écologiques, ces chauves-souris. Les oies mangent les insectes le jour…

— … les chauves-souris continuent pendant la nuit… et plus besoin de pesticides pour le verger ! Je connais le refrain, les gars ! Même que ma mère ne m'a jamais permis de manger des pommes provenant d'un autre endroit au cas où elles ne seraient pas 100 % biologique ! Mais ce n'est pas une rais… Hééééé !

Son cri se perdit dans la chute. Un mouvement brusque, une chaussure qui glisse d'un échelon et… boum ! William fit un vol plané avant d'atterrir sur une montagne de foin qui, heureusement, amortit l'impact. Mais ce ne fut que la première d'une série de dégringolades qui se déroulèrent, comme au ralenti, sous les yeux de Daniel et de Colin.

L'échelle glissa contre le mur, frappa les « nids » à chauves-souris avant d'aller heurter de plein fouet un madrier qui retenait un vieux tracteur sans roues. Lequel se coucha sur le côté, percutant avec force l'un des poteaux de soutènement de la toiture de la grange. Des craquements sinistres se firent entendre. Un pan entier d'un des murs de planches s'écroula avec fracas, tombant sur le foin… où se trouvait encore William, qui fit un roulé-boulé jusqu'au sol.

— Sauve qui peut ! hurla-t-il en direction de ses amis.

Daniel et Colin n'attendaient que son signal pour prendre leurs jambes à leur cou. Ils se précipitèrent vers l'extérieur tandis qu'une partie du toit s'effondrait à son tour.

— On l'a échappé belle ! soupira Colin en s'arrêtant, à bout de souffle, à quelques mètres du bâtiment.

— Tu peux le dire ! fit Daniel. En tout cas, tes idées, Wil… William ?

Sa voix trembla d'horreur quand il se rendit compte que William n'était pas avec eux. Qu'il se trouvait encore à l'intérieur de la grange… qui ne tenait debout que par miracle.

— William ! hurlèrent-ils en chœur, en revenant sur leurs pas.

C'est à ce moment qu'apparut le garçon. Daniel et Colin poussèrent un cri de soulagement tandis que leur copain, le pouce en l'air, leur indiquait que tout allait bien. Mais soudain, son visage changea. Il tourna la tête vers la grange et…

— Courez! hurla-t-il à ses amis.

Ils détalèrent sans tenter de comprendre. William ne tarda pas à les rattraper, comme s'il avait le diable aux trousses. Et c'était presque ça: une armée de «vampires», rien de moins, le poursuivait. Les chauves-souris, qui avaient été dérangées dans leur sommeil et venaient de perdre leur domicile, avaient en effet une revanche à prendre sur ces trois gêneurs.

Les trois mousquetaires se retrouvèrent donc, bien involontairement, dans la scène faisant écho à celle du film *Les Oiseaux* que William voulait reproduire, à l'école. C'était raté.

— Qu'est-ce qu'on fait? demanda Colin, une fois qu'ils furent à l'abri des chauves-souris et des regards indiscrets.

— On ne dit rien! s'exclamèrent, ensemble, William et Daniel.

Mais si, pour le premier, ce fut chose aisée — sa mère étant «ailleurs», sur une planète où tout brillait comme un sou neuf —, garder le silence s'avéra plus difficile pour le second. Daniel avait besoin de parler. Ce secret était «le secret de trop».

Il cachait déjà trop de tourments en lui. Trop de cauchemars, trop de tristesse, trop de remords. Sauf qu'il était hors de question de parler de cette histoire à Marc. S'il le faisait, il était bon pour le pensionnat ou l'école militaire si ce genre d'institutions existait encore. C'est pour cela qu'à bout de ressources, il se tourna vers Nadine. Il l'aborda à son arrivée à l'école, ignorant que, de l'autre côté de la cour, William et Colin les observaient avec inquiétude.

— Tu comprends que je ne peux rien raconter à mon père ! Il dit tout le temps que je lui complique la vie, même quand je ne fais rien de mal ! Alors, là, le truc de la grange... Il va me tuer, conclut le garçon.

— Tu t'en remettras, se moqua gentiment la psychologue.

— Ah, ah. Très drôle, soupira Daniel. Sérieusement, qu'est-ce que tu ferais à ma place ?

— J'irais voir ma mère.

— Ma mère..., répéta le garçon sombrement, avant de se rebeller brusquement. Pourquoi tu dis ça ?! Tu le sais bien que ma mère...

Nadine posa ses mains sur les épaules de Daniel.

— Hé, calme-toi ! fit-elle avec beaucoup de douceur. Je me suis mal exprimée. Quand j'ai dit « ma mère », je ne parlais pas de la tienne, mais de la mienne.

Daniel baissa la tête, soudain honteux de sa réaction impulsive. Et stupide: comment avait-il pu croire à un tel manque de tact de la part de Nadine?

— Je... je m'excuse, bafouilla-t-il.

— Ce n'est rien, reprit la psychologue en lui ébouriffant les cheveux. Je disais donc que j'irais voir... on va dire, madame Martin. J'irais la voir et je lui dirais la vérité. C'est plus clair ainsi?

Daniel grimaça. Il savait que Nadine avait raison mais... bon! Ce qu'elle suggérait, ce n'était pas la mer à boire mais l'océan à avaler d'un trait.

— C'est... c'est ta mère adoptive, madame Martin?

— Disons qu'elle a deux filles et que l'une des deux a été adoptée. Devine laquelle? fit Nadine qui ne voyait pas trop où le garçon voulait en venir.

— C'est pas difficile. Mais... alors, tu pourrais lui dire!

— Quoi? Qu'elle est ma mère adoptive?

— Non! pouffa Daniel. Lui dire pour... pour la grange!

La psychologue soupira et regarda Daniel pendant un moment avant de répondre. De lui répondre ce qu'il ne voulait pas entendre.

— Il y a des choses que personne ne peut faire à la place de quelqu'un d'autre.

« Aller aux toilettes, par exemple », eut envie de répondre le garçon. Mais il savait que Nadine avait raison. Il n'allait pas l'insulter, elle qui avait pris le temps de l'écouter et, à sa mesure, de comprendre. Il se mordilla les lèvres et s'éloigna, songeur. Toujours anxieux mais, au moins, avec une piste de solution.

Une piste que refusèrent de suivre William et Colin, qui lui tombèrent dessus dès qu'il fut assez loin de Nadine… mais tout près d'Avril — qui s'était arrêtée derrière un arbre pour attacher son lacet et fut, ainsi, témoin de toute la scène.

— Tu es complètement fou ! gronda William. D'abord, personne ne nous a vus. Pourquoi est-ce qu'on se dénoncerait nous-mêmes ? Et puis, c'est certain que madame Martin va demander à mes parents de payer les dégâts. Tu penses qu'on a les moyens ? Mon père… Je ne sais pas ce qu'il va me faire mais ça ne sera pas beau !

— On est dans le coup tous les trois, reprit Daniel en souhaitant paraître convaincant. Mon père devra également payer, qu'est-ce que tu crois !

— Pfutt! siffla William, de plus en plus furieux. Tu ne risques rien, toi. Ton père est plein de fric depuis qu'il a accepté de massacrer le centre sportif. En plus, tu ne le vois jamais. Il ne s'occupe pas de toi! Tu veux me faire croire qu'il te punirait?

Daniel pâlit sous l'insulte et la douleur. Les mots de William l'avaient blessé bien plus que n'aurait pu le faire un coup de poing. Là, son copain avait visé le cœur, avec une arme aussi affûtée qu'un couteau. Il bondit donc sur celui que, jusqu'ici, il avait toujours considéré comme son meilleur ami.

— Tu... vas... retirer... ce que... tu... as dit! fit-il au rythme des coups qu'il porta à William.

Ce dernier, bien sûr, ne se laissa pas faire et répondit. Une poussée pour une poussée. Un coup pour un coup. Sous les yeux des autres élèves, attirés par la combat. Sous les yeux d'Avril, aussi, qui profita du désordre pour sortir de sa cachette et s'approcher de Colin. Colin qui avait toujours affiché son horreur de la violence.

— Arrêtez! cria-t-il. Nous sommes amis! Il ne faut pas...

— Amis?! cracha William en fusillant Daniel du regard. Ce type-là n'est qu'un traître.

Daniel serra les mâchoires et préféra ne pas répondre. Il poussa quelques curieux et s'éloigna d'un pas vif. Mais William ne l'entendait pas ainsi. Il tenta de le poursuivre, mais en fut empêché par Colin qui, en exécutant une prise de karaté spectaculaire, le fit tomber. Un murmure de stupéfaction s'éleva parmi les spectateurs.

— Comment tu as fait ça? demanda William, abasourdi. Tu ne nous as jamais dit que tu savais te battre!

— Je n'aime pas me battre. C'est pour ça que j'ai appris à me défendre, répliqua le jeune Asiatique.

Puis, évitant le surveillant qui arrivait enfin pour voir ce qui se passait, il partit à la recherche de Daniel. Ce dernier était appuyé contre le mur de l'école, près de la porte d'entrée.

— Daniel..., commença-t-il.

— Laisse tomber, Colin. William et moi, c'est du passé. Il a dépassé les bornes. Je vais aller voir madame Martin, tout à l'heure. Je lui dirai que c'est moi, moi tout seul, qui suis responsable de la destruction de sa grange. Pour le reste...

Il serra les poings, avec autant de rage que de peine.

— Le reste, poursuivit-il au bout de quelques secondes, ça me regarde.

La cloche sonna à ce moment-là et il pénétra dans l'école sans un mot de plus. À la sortie des classes, il marcha seul, d'un pas décidé, jusqu'à la grande maison jaune. Madame Martin lui ouvrit, l'accueillit d'un bon sourire… qui s'effaça au fur et à mesure que Daniel avançait dans son récit. Un récit auquel assista discrètement Avril, du haut de l'escalier.

Soulagée, elle entendit les aveux du garçon. Soulagée parce qu'elle ne voulait pas rapporter à sa grand-mère ce qu'elle avait entendu dans la cour d'école mais, en même temps, cette histoire était trop grave pour ne pas avoir de conclusion.

— À quoi tu as pensé? soupira sa grand-mère. Tu aurais pu te faire terriblement mal.

Le garçon ne répondit pas. Qu'aurait-il pu dire? Il regarda obstinément ses chaussures, n'en menant pas large.

— Enfin…, poursuivit madame Martin au bout d'une courte pause, se rendant compte qu'elle n'obtiendrait plus rien de Daniel. Ça n'a pas dû être facile de venir m'en parler! Je reconnais là une forme de courage. Mais… ton père est-il au courant?

— Non ! couina Daniel, soudain paniqué. S'il vous plaît, il ne faut surtout pas... Je... Je ferai ce que vous voulez... Je peux...

Mais la vieille dame fit non de la tête. Elle ne pouvait pas cacher cela à Marc. C'était trop sérieux. Trop gros. Si gros, en fait, que des doutes l'assaillaient.

— Tu as vraiment fait ça tout seul ? demanda-t-elle en pointant dans la direction de la grange.

À la grande surprise d'Avril, qui savait pertinemment qu'il n'en était rien, Daniel acquiesça. Protégeant ainsi ses amis et provoquant, du coup, l'admiration de la jeune fille. C'est alors que la sonnette d'entrée se fit entendre. Madame Martin alla ouvrir. William et Colin se tenaient sur le pas de la porte. Penauds.

Et, malgré la gravité de la situation, Daniel se sentit soudain moins accablé. Dans ce monde hostile, il lui restait ses amis. Colin. William. William et Colin. Et lui. Les trois mousquetaires. Tous pour un, un pour tous.

Chapitre 7

Une tonne de briques sur le cœur

— Veux-tu bien m'expliquer ce qui se passe avec toi?

La voix de Marc résonna, aussi froide que le pôle Nord au complet. Ses gestes étaient raides, tandis qu'il préparait le souper — enfin, si on peut appeler préparer le souper le fait de mettre une pizza à réchauffer dans le four!

Quant à sa question, ce n'en était pas vraiment une. Il n'attendait pas de réponse. Ou, du moins, il n'était pas vraiment prêt à entendre ce que Daniel avait à dire. Mais il fallait ce qu'il fallait.

— Tu es sourd? reprit Marc. Je te parle, Daniel!

— Quoi?!

Et la température sembla baisser encore plus dans la pièce.

— Là, mon p'tit gars, tu vas changer de ton avec moi... et tout de suite, gronda Marc.

— On n'a pas fait exprès, lâcha finalement Daniel entre ses dents.

Plutôt que de calmer Marc, la remarque de son fils le fit bondir.

— On n'a pas fait exprès, répéta-t-il en imitant son fils. On a démoli la grange de madame Martin, mais on n'a pas fait exprès!

Il attrapa le bras de Daniel pour que le garçon le regarde, enfin, dans les yeux.

— Écoute-moi bien. Tu te laisses entraîner par ces petits voyous. Alors, tu vas arrêter de les voir, point final.

— William et Colin ne sont pas des voyous, riposta Daniel en se dégageant brusquement de la prise de son père. Ce sont mes amis. Toi, tu ne sais pas ce que c'est, des amis. Si tu en avais, tu serais moins... moins...

— Je ne veux plus rien entendre, l'interrompit Marc. Je ne veux plus les voir à la maison, je ne veux plus que tu ailles chez eux, je ne veux plus que tu les voies après l'école ni pendant les week-ends. C'est clair ?

— Tu n'as pas le droit de faire ça ! Maman…

Il figea en s'entendant prononcer ce mot. Maman. Le mot interdit sous ce toit. Cela s'était fait d'un commun accord. Sans qu'il en ait jamais été question. Depuis, tout ce qu'il englobait, et qui était si beau, si doux, tout cela pourrissait entre le père et le fils.

Marc serra les mâchoires à les faire craquer. C'est à ce moment-là que le détecteur de fumée se mit à lâcher des cris stridents. Le souper était en train de brûler. Marc ouvrit le four et en retira la pizza cramée, qu'il jeta avec rage dans l'évier.

« Tu aimerais bien faire la même chose avec moi, hein ? pensa Daniel en l'observant. Me jeter. Après tout, je me suis brûlé avec cette histoire de grange ! »

Une « histoire » qui faisait aussi l'objet de la conversation chez les Martin. Où le repas du soir était autrement plus élaboré que chez Daniel et Marc !

— J'ai eu la visite du petit Daniel, annonça Claire Martin à ses filles et à sa petite-fille… qui, elle, fit mine de s'étonner.

— Qu'est-ce qu'il voulait ? demanda Julie.

— Ça, je ne peux pas le dire. C'est un secret entre lui, moi et…

Elle se tourna vers Avril pour ajouter :

— « Personne ne sait garder un secret comme un enfant. » N'est-ce pas, Cosette ?

— Pourquoi m'appelles-tu Cosette ? Je ne comprends pas…

— Elle vient de citer Victor Hugo, lui expliqua Nadine. L'un des principaux personnages d'un roman qui s'appelle *Les Misérables*.

— *Les Misérables* ? Ça n'a pas l'air joyeux, commenta Avril.

— Ça ne l'est pas, mais c'est plein d'espoir, poursuivit Nadine avant de revenir à sa mère. Tu sais, maman, le secret auquel tu fais allusion est pas mal éventé.

— Peut-être que quelqu'un pourrait me mettre au courant ? proposa Julie, visiblement perdue.

Les trois autres sourirent d'un air entendu avant de lui révéler le rôle qu'avait tenu Daniel dans la destruction de la grange. Julie parut ébranlée par la nouvelle.

— Si Catherine…, commença-t-elle.

— Pas Catherine, ma fille. Marc. Tout est entre ses mains, à présent. Et, un peu, entre les nôtres.

— Les nôtres ? s'étonna Julie.

— Les nôtres, répéta sa mère. Que dirais-tu si Daniel venait te donner un coup de main au chenil ? Bénévolement, bien sûr. Ce serait un moyen, pour lui, de… payer sa dette.

Julie n'accepta pas d'emblée cette proposition qui, en fait, l'inquiétait.

— Daniel ne veut plus rien savoir des chiens. Il m'a bien fait comprendre qu'il ne les aimait plus.

— Et tu l'as cru ? lui demanda Nadine, une lueur moqueuse dans les yeux. Tu penses qu'on peut se réveiller un jour et décider qu'on n'aime plus telle ou telle chose ?

— C'est ce qui m'est arrivé avec la réglisse noire, après en avoir mangé tout un paquet chez Charlotte, avança Avril. Mais… il y a une différence entre les friandises et les animaux. Tu ne trouves pas, maman ?

— Daniel s'est senti trahi par Wolf, qui ne s'est plus intéressé à lui après la mort de Catherine, poursuivit madame Martin. Mais de là à dire qu'il a une… indigestion canine, j'ai des doutes.

Julie soupira en levant les yeux au ciel, jouant à être exaspérée.

— Si vous vous mettez toutes contre moi, je vais le prendre à l'essai, Daniel !

— Hé, j'ai rien dit, moi ! protesta Avril qui ne voulait surtout pas avoir l'air de prendre la défense du garçon.

— C'est vrai, gloussa Nadine avec un sourire amusé. Moi non plus d'ailleurs ! Mais... c'est une fichue de bonne idée de tenir ce jeune homme occupé.

C'est ainsi que Daniel découvrit les dessous des activités du chenil ainsi que la personnalité des chiens dont Julie s'occupait. Le vieux Pompon, qui passait ses journées et ses nuits à dormir. Le gros Blackie, toujours le premier à finir sa gamelle... et à aboyer à l'approche de l'heure des repas. La mignonne Fifi, toujours prête à donner la patte ou à faire la belle. L'attachant Picasso, bâtard noir et blanc, joueur et farceur.

— Sauteur, aussi ! assura Julie à Daniel. Attends de voir le prochain spectacle des Superdogs. S'il ne remporte pas une médaille, je rends mon tablier.

— Tu ne portes pas de tablier, la corrigea le garçon.

— Ma casquette, alors. Je rends ma casquette.

Elle riait, des lèvres et des yeux, en disant cela, Julie. Parce que, finalement, l'opération Daniel — c'est Avril qui avait trouvé ce nom —, c'était un succès. Le garçon s'était glissé sans problème dans la routine du chenil. Il était ponctuel, prenait ses tâches au sérieux, travaillait bien. En fait, les seuls nuages qui planaient sur son emploi du temps arrivaient au moment de rentrer chez lui. Mais Julie ne pouvait rien contre cela.

— Tu me la donnes, si tu perds ? demanda Daniel en pointant le couvre-chef de la jeune femme.

— Je te la donne. Mais ne te débarrasse pas trop vite de la tienne : je n'ai pas l'intention de perdre. N'est-ce pas, mon Picasso ?

Tout en parlant, elle serra le chien dans ses bras. Il répondit en lui donnant un grand coup de langue sur le nez. N'importe qui aurait grimacé, ou crié, ou les deux. Pas Julie. Elle éclata d'un rire-soleil qui, un instant, réchauffa le cœur toujours vulnérable de Daniel.

— Eh bien, eh bien ! Nous avons un nouvel entraîneur ? s'étonna Chase, quand, le week-end suivant, le garçon pénétra pour la première fois dans les coulisses du centre sportif.

Julie avait tenu à ce qu'il la seconde pour le spectacle des Superdogs. Enfin, qu'il la... « tiersonde », puisque Avril était également présente ! Mais cette dernière savait exactement ce qu'elle avait à faire, quand et comment, et Daniel se sentit un peu de trop. Après avoir souri à Chase, il se retira dans un coin et étudia les lieux, les gens, les chiens.

Les entraîneurs et leurs bêtes, il les avait vus si souvent en action ! Mais les voir ainsi, c'était les redécouvrir.

Regarder la maîtresse de Churchill, le bouledogue maladroit, faire répéter un mouvement de marche arrière à son chien... qui s'étalait de tout son

long à chaque trois pas. Écouter le maître de Stray, le berger australien, jouer au psychologue sportif avec sa bête, en multipliant les « Tu es capable, mon chien. N'oublie pas que tu es le meilleur, l'as des as ». Ou encore, surprendre les effusions de tendresse entre Dubya, le chihuahua, et son immense propriétaire.

Et puis, il y avait Julie et Gipsy.

— Tu vas le faire courir ? s'étonna Herb en glissant sa main entre les barreaux de la cage pour caresser l'animal.

— Il n'est pas prêt, fit Julie. Je l'ai emmené pour le familiariser avec l'ambiance du spectacle. Peut-être la prochaine fois. On verra. Aujourd'hui, c'est sur Picasso que je mise.

Elle semblait fière de sa nouvelle recrue, Julie ! Ça se voyait. Ça s'entendait. Et Gipsy n'était ni aveugle ni sourd. Les propos de la jeune femme le blessèrent. Daniel, qui observait la scène de loin, en fut certain. Il vit s'affaisser les épaules du chien — enfin, ce qui sert d'épaules au chien, quoi ! Il s'approcha donc de la cage. La réaction de la bête fut instantanée : Gipsy se redressa, frétilla de la queue et poussa de petits jappements heureux.

— Tu vois ! s'exclama Avril dans le dos de Daniel.

— Je vois quoi ? demanda le garçon en se tournant vers elle.

— Il te reconnaît. Je te l'ai déjà dit.

— Je ne me souviens pas, affirma Daniel avec une mauvaise foi évidente.

— En tout cas, lui, il se souvient de toi, persista Avril avant de s'éloigner pour rejoindre sa mère.

Julie s'apprêtait à entrer sur la piste avec Picasso. Mais avant d'avancer sous les projecteurs, elle fit un petit signe à Daniel. Il comprit. Elle voulait qu'il sorte Gipsy de la cage et qu'il assiste au spectacle en demeurant en bordure de la piste. Pour que l'animal s'habitue aux applaudissements et aux rires de la foule, aux éclairages, aux appels des entraîneurs. Bref, à ce qui fait la saveur des spectacles des Superdogs.

Ce jour-là, le numéro d'ouverture fut une course de relais. Dans les gradins, archicombles, le bonheur était lui aussi à son... archicomble. Les encouragements fusèrent de toutes parts tandis que les chiens, de vrais superchiens, sautaient des haies, s'engouffraient dans des tubes d'où ils ressortaient comme des flèches, s'élançaient sur des pentes à pic.

Le saut en hauteur constitua le dernier volet du spectacle. Daniel sentit son cœur battre un peu plus vite quand Julie s'approcha, Picasso en laisse. Il voulait tellement que le jeune bâtard gagne… et il se fichait de la casquette qu'une défaite de l'animal lui rapporterait! Ce pari n'en était pas vraiment un.

C'est lui qui poussa le cri le plus fort, le plus profond, quand Picasso franchit la haie composée de six barres. Pas quatre, pas cinq… six! Un véritable exploit pour un chien si petit. «Après tout, pensa Daniel avec un serrement au cœur, c'est ce que sautait Wolf. Si grand, si élancé, si élégant.»

Wolf

L'animal auquel pensait Daniel n'avait plus grand-chose à voir avec celui que Wolf était devenu depuis son évasion. Il traversait maintenant un parc provincial. Sa démarche était hésitante : pendant la longue marche au bord de l'autoroute, il s'était blessé aux fragiles coussinets protégeant ses pattes.

Et puis, il avait faim. Tellement faim ! Soif aussi, mais de l'eau, il parvenait toujours à en trouver. Dans les flaques, après les averses. Dans les fossés, même si elle était parfois croupie et qu'après, il avait si mal au ventre. Mais la nourriture ! Sa race en était une de chasseurs de lièvres. Sauf qu'il n'avait pas été élevé pour donner la mort.

Il but à la rivière, côte à côte avec une marmotte qui aurait pu lui faire un excellent repas.

Chapitre 8

Le conseil n'aime pas les conseils

« LES SUPERDOGS FONT SALLE COMBLE », titra le journal local du lendemain. L'article décrivait le spectacle, s'attardait sur l'ambiance familiale et bon enfant de l'événement, sur la provenance du public. Et sur le risque qu'un tel trésor, trop peu connu, disparaisse.

Bref, Claire Martin n'était pas peu fière quand elle se présenta, le soir venu, à l'assemblée du conseil municipal. Elle avait même, dans ses dossiers, un court texte paru dans les quotidiens nationaux. Preuve qu'elle n'était pas la seule à craindre ce qu'elle considérait comme un drame patrimonial et culturel.

Elle fit valoir son point de vue devant le maire et les conseillers. Serra les mâchoires pour retenir la bile qui lui monta aux lèvres quand elle s'aperçut que l'un d'entre eux dormait carrément. Et attendit le verdict. Il ne tarda point.

— Nous connaissons votre point de vue, laissa tomber le maire Chouinard en soupirant. Vous ne faites que vous répéter d'une assemblée à l'autre.

— Je n'ai pas le choix : vous ne semblez pas comprendre. Peut-être ne suis-je pas claire ? À moins que je ne sois particulièrement ennuyeuse, fit Claire Martin en fusillant du regard le conseiller endormi.

— Je n'irais pas jusque-là, chère madame, la contredit le maire sur un ton qui voulait dire exactement le contraire.

— Dans ce cas, cher monsieur, reprit la vieille dame avec aplomb, laissez-moi vous apprendre que je tiens de source sûre que les organisateurs des Superdogs seraient intéressés à s'établir dans la région et à faire du centre sportif leur quartier général.

— Parce qu'un seul chenil ne suffit pas dans un village de la taille du nôtre ? ironisa une conseillère en cessant de se limer les ongles.

Une fois sa flèche lancée, elle retourna à son activité. Le maire hocha la tête en prenant un air qu'il espérait compatissant.

— Vous voyez, j'ai les mains liées, fit-il à l'attention de Claire... en écartant les bras. La ville a déjà pris sa décision. Qui suis-je pour m'y opposer?

« Justement, vous n'êtes personne », pensa la vieille dame qui n'avait pas dit son dernier mot. Elle expliqua au conseil — en tout cas, aux membres qui ne dormaient pas, ne se maquillaient pas ou ne cherchaient pas des mouches au plafond! — qu'elle avait lancé une pétition contre le projet de centre commercial.

— Vous aurez à affronter une protestation massive de vos électeurs, affirma-t-elle. Ne croyez pas que la démolition du centre sportif laisse tout le monde aussi indifférent que vous!

— Tout le monde, non! la reprit le maire. Mais je doute que votre pétition aille bien loin. Si vous me rapportez... disons, au moins 10 000 signatures, nous en reparlerons. D'ici là, je vous prierais de ne plus déranger ce conseil. Nous avons d'autres chats à fouetter que vos Superdogs!

Il éclata de rire devant son propre jeu de mots, aussitôt imité par ses conseillers. Même le dormeur, une seconde déstabilisé, se joignit au chœur — riant d'ailleurs plus fort que les autres pour faire bonne figure. Voyant cela, Claire leva le menton, pivota et sortit dignement de la salle du conseil.

Un homme la suivit des yeux avec admiration. Le colonel Draghosculesco. Personne ne s'en rendit compte, à part Daniel. Un vague sourire éclaira son visage. Il venait d'avoir une idée. Il ne savait pas si elle était géniale — après tout, il ne s'appelait pas William! —, mais au moins, elle lui semblait bonne.

Il quitta la salle avec empressement, saluant au passage William et Colin. Ses amis lui répondirent d'un léger signe de la tête... rapidement réprimé par leurs parents: si Marc ne voulait plus que son fils fréquente William et Colin, il en allait ainsi pour les familles des deux garçons, qui refusaient à leur fils tout contact avec Daniel à l'extérieur des murs de l'école.

«Il y a quelque chose de pourri chez cet enfant», avait dit, en frissonnant, la mère de William. «Il vit dans une famille perturbée et je ne veux pas que cela perturbe la nôtre», avait déclaré celle de Colin. Et, petit à petit, les trois mousquetaires s'étaient isolés les uns des autres. Chacun pour soi et non plus tous pour un.

C'est d'abord pour combler ce nouveau vide que Daniel fréquenta plus assidûment le chenil. Mais il avait maintenant une raison supplémentaire pour le faire. Sauf qu'avant de mettre son idée en application, il lui fallait se livrer à deux ou trois vérifications. Ce qui explique pourquoi, le lendemain, après l'école, il se rendit sur ce qu'il appelait son lieu de travail avec plus d'empressement encore qu'à l'accoutumée. Il avait des questions à poser... sans en avoir l'air, bien sûr.

— Avril ? Julie ? appela-t-il en entrant dans le bâtiment.

Un aboiement joyeux lui répondit. Celui de Gipsy. Un appel auquel le garçon pouvait de moins en moins résister. Daniel s'approcha de l'animal, glissa sa main entre les barreaux et le caressa entre les yeux. Le chien aimait tellement cela que s'il avait été un chat, nul doute qu'il aurait ronronné.

— Je pense qu'on est en train de devenir copain, toi et moi.

Gipsy lui répondit d'un grand coup de langue sur la main. Du coup, le garçon décida de faire sortir l'animal de la cage et de jouer avec lui. C'est en compagnie du chien qu'il nettoya la grande cage qui avait un jour abrité Wolf... mais ça, il ne voulait pas y penser. Il la lava à grande eau à l'aide d'un tuyau d'arrosage, exécutant de savants mouvements pour ne pas mouiller Gipsy, qui faisait des pieds et des mains... enfin, des pattes et des pattes pour qu'on le remarque.

— Ça va, j'ai compris ! s'exclama Daniel. Tu as besoin d'attention ? Tu vas en avoir. Viens ici, beau toutou !

Il l'entraîna au milieu de la grande pièce où il tenta de lui apprendre quelques-uns des mouvements qu'Avril faisait exécuter à Picasso. À sa plus grande surprise, Gipsy comprit assez vite et fut capable de donner la patte, de faire le beau. Daniel voulut ensuite lui montrer à faire le mort. Pour cela, il se coucha sur le dos, les jambes et les bras raides — et il incita le chien à l'imiter.

Un éclat de rire « ressuscita » le garçon. Il bondit sur ses pieds et se trouva face à Avril, hilare.

— Vous devriez présenter ce numéro-là aux Superdogs ! se moqua-t-elle. Succès garanti ! À côté de ça, les gaffes de Churchill ne feront pas le poids !

— Très drôle, grommela Daniel.

— Ça, tu peux le dire ! Tu ne t'es pas vu...

Le garçon haussa les épaules et ramassa le tuyau d'arrosage qu'il avait abandonné, avec l'intention de se remettre au travail. Mais Avril se méprit sur ses intentions et, après avoir poussé un petit cri effrayé, s'enfuit en courant, trébuchant sur un escabeau. Ce fut au tour de Daniel d'éclater de rire. Il s'approcha d'elle dans l'intention de l'aider à se relever… non sans faire semblant de vouloir l'arroser.

— Non, non! cria Avril d'une voix suraiguë.

Daniel fit semblant d'hésiter, puis lui tendit la main. Il se retrouvèrent ainsi face à face, leurs corps se frôlant presque et leurs souffles se mêlant l'un à l'autre.

— Tu… tu ne vas pas m'arroser, hein? murmura Avril.

— Qu'est-ce que tu me donnes si je ne le fais pas? lui demanda Daniel d'une voix rauque.

— Que… Qu'est-ce… Qu'est-ce que tu veux?

Son cœur battait si vite! Il lui semblait qu'il allait sortir de sa poitrine. « Daniel ne pouvait que l'entendre », se dit-elle. Mais elle se trompait. Les oreilles du garçon étaient pleines du bruit de son propre cœur, qui s'était lui aussi emballé.

— Je… Je veux… bafouilla-t-il. Je… Je peux te demander ce que je veux?

Avril leva le menton d'un air de défi.

— Oui, tu peux. Vas-y, pour voir, fit-elle pour le provoquer.

— Alors, je veux… commença-t-il en approchant son visage de celui de son amie, je veux…

Il la vit fermer les yeux dans l'attente du baiser qu'elle désirait autant que lui. Mais quelque chose lui fit faire marche arrière.

— Je veux… que tu me dises si ta grand-mère est veuve, laissa-t-il tomber.

Les yeux d'Avril s'ouvrirent tout grands, écarquillés de surprise. Mais il y avait autre chose dans son regard. Du soulagement. Ils s'éloignèrent l'un de l'autre, d'un commun accord.

— Ma grand-mère? fit-elle après s'être raclé la gorge pour reprendre contenance. Oui, elle est veuve. Depuis longtemps. C'est à peine si je me souviens de mon grand-père. Pourquoi?

— Je t'expliquerai ça bientôt.

Quand il rentra chez lui, Daniel sentait une douce chaleur tout au fond de lui. Quelque chose de doux, de sucré, avait germé dans son cœur. Une petite flamme, encore fragile. Il se sentait porteur d'un secret soyeux et précieux. Il ne voulait surtout pas le briser. Il désirait au contraire le protéger. Il lui fallait donc l'alimenter. L'envelopper de bien-être comme dans une couverture-doudou. Et, surtout, éviter la tension qui le prenait aux tripes quand il se trouvait en présence de son père — au risque de voir l'étincelle mourir.

Marc était dans son bureau lorsque Daniel arriva. Le garçon descendit au sous-sol pour... pourquoi ? Il ne savait trop. Son père était de dos, penché sur sa table à dessin. Même de dos, Daniel pouvait sentir à quel point il était concentré.

— 'soir, dit-il.

— Bonsoir, répondit son père sans se retourner. Tes devoirs ?

— Terminé, répondit le garçon en se dirigeant vers la grande maquette du centre commercial qui occupait le centre de la pièce.

Marc s'était tourné vers lui et l'observa un moment, songeur.

— Qu'est-ce que tu cherches ? demanda-t-il, intrigué par le comportement de son fils.

— Rien. Je regarde.

Et c'est vrai, qu'il regardait. C'était du beau, très beau travail. Un complexe magnifique, avec de grandes fenêtres, des cours avec fontaines et jardins.

— Tu aimes ? insista Marc.

Daniel entendit, au ton de sa voix, que son avis avait de l'importance. Mais il n'arrivait pas à parler. Pas encore.

— Ça me rassure..., poursuivit son père.

— Hein ? Quoi ? s'étonna Daniel.

— Ce que tu viens de me dire. J'ai cru entendre : « C'est beau, papa. Je suis fier de toi ! » Mais je me trompe peut-être...

Le garçon sourit doucement, posa de nouveau les yeux sur la maquette.

— C'est vrai que c'est beau. Mais... ça serait aussi beau ailleurs. Tu ne crois pas ?

Marc poussa un profond soupir.

— Peut-être. Mais on ne m'a pas demandé mon avis.

Et il retourna à son travail. Daniel, lui, poursuivit son observation. Il tourna autour de la grande table. C'est ainsi qu'il l'aperçut. Posée sur une étagère, la petite boîte de métal que son père avait retirée du mur de la maison jaune. Une boîte à secrets. Daniel l'attrapa. Il fit mine de l'ouvrir, puis la referma. S'approcha de Marc.

— Bonne nuit, p'pa.

Son père déposa son crayon. Le regarda dans les yeux. Ouvrit la bouche pour dire quelque chose. Mais une ombre traversa ses yeux, l'empêchant de poursuivre.

—Bonne nuit. Bonne nuit, mon homme, fit-il d'une voix enrouée.

Mon homme... Il y avait si longtemps que Marc ne l'avait pas appelé ainsi. C'est ce qui donna à Daniel le courage de faire ce qu'il avait en tête mais dont il craignait les conséquences. Il leva le poing, cogna doucement trois coups légers sur la poitrine de son père. Là où le cœur battait.

—Moustachu, moustacha... Bagibago-baga, que caches-tu là? fit-il en reprenant la formule magique que Marc avait utilisé pour «ouvrir» le mur de la maison des Martin.

Puis, il posa la boîte en fer blanc sur les genoux de son père et sortit rapidement. Le feu aux joues, le souffle court. Mais fier de lui. Ô combien fier! Il l'aurait été plus encore s'il avait vu son père. Marc demeura pensif pendant quelques secondes au bout desquelles il souleva le couvercle de la boîte. Il en retira la photo placée sur le dessus. Celle d'un jeune joueur de hockey. Lui. Quand il avait l'âge de Daniel et qu'il était capitaine de l'équipe du village.

Son royaume, c'était le centre sportif. Il y avait rencontré celle qui allait devenir sa reine. Catherine. Qu'aurait-elle fait, à sa place? Renoncé au contrat, au risque de perdre son emploi à la firme?

Marc regarda la maquette. Bizarre. Maintenant, elle lui paraissait tellement moins belle. Commençait-il à la voir à travers les yeux des protestataires menés par Claire Martin?

Ils étaient de plus en plus nombreux, les opposants au projet. Il faut dire que la grand-mère d'Avril, qui passait ses journées à aller de porte en porte pour faire signer sa pétition, se montrait convaincante. Photos à l'appui, elle rappelait à ceux qui étaient en âge de se souvenir et elle apprenait aux plus jeunes ce qu'était autrefois le centre sportif — avant que les autorités municipales ne négligent son entretien. Et à tous, elle racontait des anecdotes survenues pendant les récents spectacles des Superdogs. Anecdotes auxquelles, souvent, ils avaient assisté. Avec leurs enfants.

« Accepter le centre commercial, c'est faire une croix sur tout cela », concluait la vieille dame. Souvent, elle quittait les lieux, une signature supplémentaire à sa pétition.

— Mais ça la fatigue, fit remarquer Avril à Daniel en observant sa grand-mère entrer dans la grande maison jaune.

Les deux jeunes se trouvaient dans la cour du chenil. Avril s'occupait de Picasso. Le garçon tentait d'inculquer des rudiments de dressage à Gipsy… qui semblait avoir oublié tout ce qu'il lui avait appris précédemment. Chaque fois, il fallait repartir à zéro.

— Tu es trop gentil avec lui, il lui faut plus de discipline, nota Avril après avoir observé le garçon et le chien chahuter comme… des chiots. Les Jack Russel terrier ont tendance à n'en faire qu'à leur tête.

La remarque piqua Daniel au vif. Il avait l'impression qu'elle s'appliquait aussi à lui ! « Les Daniel Forest ont tendance à n'en faire qu'à leur tête. Il leur faut plus de discipline. Marc, vous êtes trop gentil avec lui. » Il aurait pu jurer avoir entendu ces mots-là. De la bouche de n'importe qui, ç'aurait été révoltant. De celle d'Avril, c'était insupportable.

— Ça te cause un problème, les gens… heu… les chiens qui n'en font qu'à leur tête ? Ils ont peut-être leurs raisons ! aboya-t-il, en direction d'Avril.

Cette dernière sursauta. Depuis l'incident — c'est ainsi qu'elle faisait référence à leur échange autour du... tuyau d'arrosage — survenu quelques jours plus tôt et auquel, d'un accord tacite, ils n'avaient jamais plus fait allusion, les choses allaient beaucoup mieux entre eux. Un autre genre de tension s'était développée. Mais elle était plus positive que négative. La réaction de Daniel la prit donc par surprise. Et lui aussi.

— Excuse-moi, marmonna-t-il en fixant ses souliers. Je ne voulais pas te...

— C'est pas grave, l'interrompit Avril. Tu prends tout trop... personnel. Je voulais juste t'expliquer qu'un chien doit savoir qui est le maître. Si c'est pas toi, c'est lui qui va mener. Ma mère...

— ... dit que c'est exact, compléta Julie en arrivant à leur hauteur.

Elle avait entendu une partie de la conversation mais avait décidé de n'intervenir qu'en cas de nécessité absolue. C'est avec soulagement qu'elle avait vu sa fille et Daniel régler leur différend. Mais à présent, elle pouvait offrir son expertise au garçon.

— Avoir un chien à soi, Daniel, ça oblige à plus que seulement jouer avec lui et lui envoyer la balle pour qu'il la rapporte une fois sur deux, dit-elle en caressant la tête du Jack Russel terrier.

— Est-ce que tu veux dire par là que… Gipsy est à moi ? demanda Daniel, avec espoir : il était resté accroché aux premiers mots de Julie.

— Non, non ! le corrigea vivement la jeune femme. Ce n'est pas ce que j'ai dit. Avant de prendre une décision de ce genre, il faudrait que tu en parles à ton père. Est-ce que tu as déjà évoqué cette possibilité avec lui ?

Daniel soupira. Il y avait pensé mais n'avait pas osé. Il craignait la réaction de Marc. Il avait encore en tête ce qui s'était passé avec Wolf.

— Non, laissa-t-il tomber sombrement. Mais il m'a dit que je pouvais avoir ce que je voulais pour mon anniversaire ! Et moi, c'est… lui que je veux.

Lui, c'était le petit chien qui tournait autour de lui en lui mordillant le bas du pantalon : Gipsy voulait jouer. Et si le rôle d'un maître est plus vaste que celui du simple compagnon de jeu, il est aussi un compagnon de jeu. Daniel voulait être cela pour Gipsy. Et voulait que Gipsy soit cela pour lui.

Il s'élança dans la cour du chenil, l'animal sur ses talons. Bondissant, aboyant.

— Deux jeunes chiens fous. Pas facile à apprivoiser, n'est-ce pas, jeune fille ? commenta Julie en lançant un clin d'œil à Avril.

— Qu'est-ce que tu veux dire ? répondit cette dernière d'une voix bourrue.

— Rien ! Absolument rien, se défendit Julie en ouvrant des yeux innocents.

Sur ce, elle tourna les talons. Officiellement, pour rentrer dans le chenil où du travail l'attendait. En réalité, pour ne pas que sa fille la voit rire. Oh, elle ne se moquait pas, Julie ! Elle était simplement heureuse pour Avril. Et pour Daniel.

Chapitre 9

Nouvelle tempête

— Grand-maman ? lança Avril en entrant dans la maison jaune.

Pas de réponse. Daniel et elle avancèrent dans l'entrée, gagnèrent la salle de séjour, un peu inquiets. Après tout, ils avaient vu Claire Martin pénétrer chez elle quelques minutes plus tôt.

— Grand-maman ? répéta Avril. Où es-tu ?

Elle était dans son fauteuil préféré. Où elle s'était assoupie. Avril fronça les sourcils : ça ne ressemblait pas à sa grand-mère de faire des siestes. Elle avait toujours eu assez d'énergie pour mener plusieurs projets de front. Mais la démolition du centre sportif la démolissait elle aussi. La minait de l'intérieur.

—Je pense qu'il est temps de mettre ton idée en application, dit Avril à Daniel qui venait, enfin, de lui révéler son plan. Grand-maman a besoin de quelque chose de positif dans sa vie.

—J'ai besoin de quoi? demanda madame Martin en se redressant.

Pris en flagrant délit de complot, les deux jeunes rougirent de concert. Mais la vieille dame était encore trop ensommeillée pour s'en apercevoir.

—Avril? C'est bien toi que j'ai entendue?

—C'est moi, oui…, répondit Avril en s'avançant. Daniel et moi, on se disait que… que…

Elle se tourna vers son ami afin qu'il lui vienne en aide. Après tout, c'était son idée à lui. Et elle détestait mentir. Même pour une bonne cause. Ça avait également été le cas de Daniel. Autrefois. Du temps de Catherine. Il avait à présent beaucoup moins de scrupules!

—On se disait que vous auriez peut-être besoin d'aide pour la pétition, fit-il d'une voix assurée. Et que, si c'est le cas, vous pourriez demander celle du colonel Draghosculesco. Il serait intéressé à vous donner un coup de main.

—Le colonel? s'étonna Claire Martin. Je pensais que lui et toi n'étiez pas en bons termes depuis l'affaire du squelette.

— Ben... on s'est réconciliés, répondit Daniel.

Cette fois-ci, sa voix sonna moins juste.

— Tu sais, quand il est allé peindre sa clôture, avec William et Colin! poursuivit Avril, volant ainsi au secours du garçon. Ils ont eu l'occasion de s'expliquer.

— C'est ça! s'exclama Daniel, soulagé. Alors, l'autre jour, après l'assemblée du conseil municipal, il m'a fait comprendre qu'il était bien d'accord avec vous, pour le centre sportif. Et puisqu'il a beaucoup de temps libre et qu'il s'ennuie, il pourrait...

— ... m'aider? compléta la vieille dame, son visage s'éclairant d'un grand sourire. Que c'est gentil de sa part!

— Mais, surtout, faites comme si l'idée était de vous! la prévint Daniel, la voix remplie d'une soudaine inquiétude. Il n'appréciera sûrement pas s'il apprend que je vous ai raconté tout ça à son sujet. Le temps libre, l'ennui... Vous savez, les anciens militaires, ils sont spéciaux!

Claire Martin hocha la tête.

— Les hommes! murmura-t-elle. Tous les mêmes...

Sur ce, elle offrit aux jeunes de leur préparer un chocolat chaud, qu'ils avalèrent d'un trait avant de retourner à l'extérieur, ravis de la manière dont la première partie de leur plan avait fonctionné. Restait la seconde. Son succès dépendait entièrement de Daniel, Avril devant seconder sa mère au chenil. Le garçon partit donc en direction de chez lui, en compagnie de Gipsy qu'il devait présenter à son père comme cadeau d'anniversaire potentiel. Mais avant, il fit un crochet par la maison du colonel.

— Qu'est-ce que c'est ? demanda le vieil homme d'une voix bourrue en ouvrant la porte.

Daniel lutta contre la tentation de se sauver. Surtout quand il rencontra le regard soupçonneux du colonel.

— Pourquoi toi ici ? fit-il en fronçant ses épais sourcils blancs. Pas Halloween. Vampires pas encore fait paix avec humains. Toi n'avoir pas peur que je saigne toi ?

Les yeux du garçon s'élargirent de peur… jusqu'à ce qu'il remarque la lueur amusée, et non machiavélique, qui brillait dans ceux de l'ancien militaire.

— Je… colonel… Je…

— Clarté, soldat ! Je pas parler français assez bien pour comprendre andouille. Andouille ? Heu... bredouille, plutôt, je crois. Tu sais, toi ?

Daniel fit non de la tête. Il ne savait pas trop où le colonel voulait en venir. Mais il savait où, lui, tenait à aller. Il se jeta donc à l'eau.

— J'ai remarqué, l'autre soir, que vous sembliez d'accord avec madame Martin, pour le centre sportif, expliqua-t-il en détachant bien les syllabes et en parlant très fort.

— Je pas être sourd, le calma le colonel. Juste étranger. Mais... oui, toi as raison. Dame sensée, cette Martin.

Le garçon soupira de soulagement. Tout dépendait tellement de cette réponse. Et elle était ce qu'il espérait ! Daniel révéla alors au vieil homme que Claire Martin prenait sa mission à cœur. Au point qu'elle était en train de s'épuiser, et qu'une aide serait bienvenue. Bref, si jamais ça lui disait...

— Bien sûr ! s'exclama le colonel, ravi. Je aller la voir maintenant ! Content aider !

— Heu... mais... vous... bafouilla le garçon, pris au dépourvu par autant d'emballement.

— Clarté !

— D'ac… D'accord, se reprit-il. Ne lui dites surtout pas que je vous ai parlé de ça. Elle est *très* fière et n'aimera pas savoir qu'Avril et moi, nous la trouvons fatiguée.

— Les femmes ! murmura le colonel. Toutes les mêmes…

« Pas de doute, ils sont faits pour s'entendre ! » se dit Daniel en rentrant chez lui… tout en souhaitant que ça cliquerait aussi bien entre son père et Gipsy.

Sauf que la confiance de Daniel s'estompa au fil des heures qui séparèrent son arrivée et celle de son père. Gipsy était excité, il allait d'une pièce à l'autre, reniflait chaque meuble et tenta de marquer son territoire. Daniel eut tout juste le temps de le tirer dehors quand il leva la patte près de celle de la table de la cuisine !

— On va attendre ici ! décida-t-il en s'enfermant dans sa chambre avec l'animal.

Bientôt, il entendit les pas de son père dans l'escalier. La panique le prit aux tripes. C'est sur ce mode qu'il poussa Gipsy dans le placard où boîtes, jouets et articles de sport étaient empilés pêle-mêle.

— Bouge pas, chuchota-t-il au chien.

Il plongeait sur son lit quand Marc, après avoir cogné trois coups à la porte, pénétra dans la pièce. Daniel remarqua à quel point son père semblait sérieux. «Il a son air des jours de grande décision», disait Catherine. Dans ce cas-ci, elle ne se serait pas trompée.

— Je voulais te dire, Daniel, à propos du centre sportif…

Un bruit sourd se fit entendre dans l'armoire, distrayant Marc qui s'interrompit.

— C'est… rien, fit Daniel. Je viens de ranger quelque chose et… tu sais, le désordre…

Marc opina de la tête. Il savait: lui-même n'était pas des plus ordonnés. Enfin, partout ailleurs que dans son bureau, où chaque chose était minutieusement placée. Ça amusait autant que ça irritait Catherine.

— À propos du centre, reprit Marc, je pense que, finalement…

Une avalanche sembla alors se produire à l'intérieur de la garde-robe. Et Daniel ne put rien faire. Surtout pas empêcher son père de tourner la poignée de la porte du placard… et Gipsy d'en jaillir tel un diable d'une boîte.

— Que… Qu'est-ce qu'il fait ici, celui-là? tonna Marc, une fois remis de sa surprise.

— Tu lui as fait peur! se défendit Daniel en tentant d'attraper le chien qui s'était caché sous son lit.

— Ça ne répond pas à ma question. Qu'est-ce que ce chien fait ici?

— C'est mon cadeau d'anniversaire. Tu m'as dit que je pouvais avoir ce que je voulais. Et ce que je veux, c'est Gipsy!

— Ton anniversaire? répéta Marc, éberlué. Mais ton anniversaire n'est que dans trois mois!

Les fissures qui, au cours des derniers jours, avaient enfin permis de faire craqueler le mur entre eux, furent instantanément colmatées. Pire, le mur gagna en épaisseur et en hauteur quand Marc, furieux, ramena Gipsy au chenil.

— Et tu m'accompagnes, garçon. Je veux que tu voies les conséquences de ton geste.

Il voulait parler de la colère avec laquelle, supposait-il, Julie allait accueillir ce second abandon de la part des Forest.

— C'est pas juste! répéta Daniel dans la voiture. On en avait parlé!

— Tu ne m'en as jamais parlé, lui répondit froidement son père.

— Oui, on en avait parlé, marmonna le garçon. C'est juste que tu ne m'écoutes pas. Jamais...

Il se savait injuste en disant cela. Il n'avait jamais abordé le sujet directement. Ce qu'il ignora, c'est que son entêtement poussa Marc à s'interroger. Était-il possible qu'en effet, son fils lui eût parlé de son désir d'avoir un chien et que lui, distrait par ses problèmes, ait, d'une certaine manière, acquiescé à sa demande? Il ne savait pas. Il ne savait plus. Mais... non! C'était impossible. Un chien dans la maison, c'était encore trop douloureux.

Fort de cette conclusion, il tira Gipsy hors du véhicule. Julie arrivait déjà à leur rencontre. Ce n'est pas de la colère que Marc put lire sur son visage, mais de la déception. Ce qui ne fit qu'attiser son irritation.

— Salut, Julie! lança-t-il froidement. Écoute, j'apprécie beaucoup ce que tu fais pour Daniel mais... bon, tu conviendras avec moi que ce n'est pas le bon moment pour nous d'avoir un animal à la maison.

Julie soupira en prenant la laisse du chien. Elle se tourna vers la voiture. Vit Daniel en sortir et s'éloigner en courant. Elle fut sûre d'entendre ses sanglots. Mais elle n'aurait pu le jurer avant que Gipsy ne se mette à tirer sur sa laisse. Lui, avait perçu les pleurs de l'enfant.

— J'aurais dû m'en douter, dit-elle sèchement à Marc. Ce n'est pas comme si c'était la première fois que tu me ramenais un chien.

L'homme pâlit sous l'insulte.

— Tu sais très bien que ce n'est pas la même chose! Wolf...

— Ça va, Marc. Pas besoin de te justifier. Je pense que, pour l'instant, ton fils a besoin de toi. C'est ça, le plus pressé. Pour le chien...

Elle se pencha sur Gipsy et le caressa avec affection.

— ... je vais trouver quelqu'un pour lui. Il a besoin d'un maître. Enfin, disons qu'il a besoin d'affection. On est tous comme ça, hein? Je veux dire... pour l'affection, pas pour le maître, conclut-elle aigrement.

Puis, presque à regret, elle pointa du menton la silhouette de Daniel qui s'éloignait en courant. Marc la salua alors et fila vers son automobile pour rattraper son fils. Mais, en le voyant entrer dans le casse-croûte où il aperçut Colin et William, il décida de ne pas aller le chercher. « On a tous besoin d'affection », lui avait dit Julie. Elle avait raison. Daniel avait la chance d'avoir des amis pour lui en donner. Lui, par contre, était seul. Si seul...

— Catherine, chuchota-t-il. Si tu savais combien tu me manques, mon amour. Si tu savais... Non, tu le sais. Tu le sais sûrement. Mais... oh, qu'est-ce que je vais faire avec Daniel ? Il m'échappe, Catherine. Il m'échappe. Et ça me fait peur.

Il resta là pendant quelques minutes. Observa son fils qui parlait avec ses copains. Puis, redémarra en douceur. Confiant que Daniel rentrerait à la maison. Plus tard. Blessé, oui. Mais apaisé grâce à l'amitié de William et Colin.

— Ces garnements n'ont pas que du mauvais, soupira-t-il.

En effet. Mais ce soir-là, après avoir entendu le récit de Daniel, ils pensèrent que lui, n'avait que cela. Du mauvais.

— Pourtant, à le voir, il n'a pas l'air si sévère, ton père, fit Colin, toujours le plus réservé du trio.

— Fie-toi sur moi pour te dire qu'il l'est, le corrigea Daniel. Pauvre Gipsy...

— Peut-être que je pourrais le prendre en pension chez moi ? proposa William. Je ferais attention qu'il ne bouffe pas ma tarentule, ma couleuvre, mes...

— Je connais ton zoo, l'interrompit Daniel. Moi, je suis d'accord mais je ne peux pas te payer. Une pension, tu sais...

— Non, non! Tu as mal compris. Cette pension-là, elle sera gratuite. Je te garde Gipsy, mais il reste à toi. Trouve-lui juste de la nourriture. Je ne pense pas qu'il apprécierait celle que je donne à mes poissons et à mes souris!

— J'en connais une autre qui ne va pas apprécier, nota Colin.

— Qui ça? firent Daniel et William en chœur.

— Ben... ta mère! dit Colin en dévisageant William comme si c'était une évidence.

En fait, ça l'était.

— Ma mère! soupira William. J'avais oublié.

— T'inquiète, on y pense pour toi tous les jours, fit Daniel avec ironie.

Il jeta un œil moqueur en direction de Colin, qui était le roi de l'imitation et qui, depuis des semaines, travaillait à caricaturer la mère de William. Le temps était venu de livrer sa performance devant le principal intéressé. Le jeune Asiatique se redressa sur sa chaise, pointa le menton, pinça les lèvres.

— Mais qu'est-ce que tu fais là avec tous ces poils, mon chéri?! s'écria-t-il avec une voix féminine. Et cette odeur? Tu t'es frotté contre qui? Dis-moi! Dis-moi tout, mon homme. Je veux sav...

Il s'interrompit en remarquant un silence inhabituel dans le casse-croûte. Tous les yeux étaient braqués sur lui. Le rouge lui monta aux oreilles et, embarrassé, il baissa la tête. Daniel éclata alors d'un rire franc.

L'amitié avait décidément du bon. D'ailleurs, il avait tout à coup faim. Avec tous ces événements, il n'avait pas encore mangé.

Ça vous dit, un *club sandwich* et des frites à trois ?

Wolf

La nuit était tombée depuis un bon moment quand Wolf, attiré par les rires et les chansons, arriva au terrain de camping. Ils étaient une dizaine de jeunes gens insouciants à s'être installés en rond autour d'un feu de camp.

L'un d'entre eux grattait une guitare. À ses côtés, une fille chantait, incitant les autres à l'accompagner dans le refrain. Ça faussait, ça pouffait, ça recommençait. Et ça ne faisait absolument pas attention aux restes du repas, sur la table de pique-nique.

C'est également cela, l'odeur du poulet et du bacon, qui avait attiré Wolf. Trop occupés à s'amuser pour perdre du temps à faire la cuisine, les campeurs étaient allés chercher des clubs sandwichs, *de la pizza et des hamburgers au restaurant. Un vrai buffet, pour le chien amaigri et affamé qu'était Wolf.*

Il se servit donc.

Chapitre 10

La mort dans l'âme… et ailleurs

Daniel et Marc s'ignorèrent pendant les jours qui suivirent. Le calme après la tempête. Mais un calme malsain. Rien à voir avec le beau temps, même si le soleil s'était, depuis quelque temps, mis de la partie. Or l'automne devient la plus belle des saisons quand les feuilles rouges ou jaunes se transforment en joyaux sous l'effet de la lumière. De quoi percer une carapace de tristesse.

C'est presque ce qui se passa en ce magnifique samedi après-midi où un sourire fugace apparut sur le visage de Daniel. Il roulait vers le chenil, à bicyclette, quand il croisa Claire Martin et le colonel Draghosculesco. Ils allaient d'une maison à l'autre, pour faire signer la pétition contre le centre commercial. Chacun lui adressa, de son côté, un petit signe de connivence qu'il dissimula à l'autre.

C'était beau à voir et cela fit chaud au cœur de Daniel, qui accéléra le rythme pour se rendre au chenil. Où l'attendait une douche glaciale. Une voiture était stationnée dans la cour. Julie était en pleine conversation avec un homme. Tout près d'eux, un garçon d'environ huit ans était accroupi devant Gipsy qu'il caressait avec effusion. Daniel descendit de son vélo et s'approcha, prenant les précautions nécessaires pour ne pas attirer l'attention.

— Je ne vous conseille pas un Jack Russell terrier, disait Julie à l'homme. Les chiens de cette race sont de vrais petits machos. Si leur maître n'a pas la poigne qu'il faut, ils deviennent de vrais terreurs et n'en font plus qu'à leur tête.

L'homme regarda son fils, songeur.

— Alors, qu'est-ce que vous me conseillez ?

— Pourquoi pas un golden retriever ? proposa Julie. J'en ai justement un. Il a deux ans, il a été opéré, il est très doux.

— Qu'est-ce que tu en penses ? demanda l'homme à son fils. À toi de choisir, c'est ton cadeau.

— Moi, c'est celui-là que je veux ! répondit le gamin en serrant Gipsy contre lui.

Julie soupira, impuissante. Elle n'avait pas le droit de refuser. On lui emmenait si souvent des chiens ! Elle ne pouvait les garder indéfiniment. Et puis, peut-être qu'elle se trompait. Peut-être que Gipsy serait heureux dans cette famille.

— Il s'appelle Gipsy, dit-elle au garçon.

Celui-ci la toisa avec hauteur avant de répondre.

— Moi, je vais l'appeler Chico. Ça lui va mieux. Allez, viens, Chico ! Viens, mon chien !

Gipsy, naturellement, n'obéit pas. Il fallut que son nouveau maître le traîne afin qu'il prenne place à l'arrière du véhicule. Daniel, les yeux rivés sur la scène, était livide. Seules ses lèvres, qu'il mordait presque à s'en faire saigner, étaient rouge vif. Il ne voulait pas crier. Mais, à l'intérieur de lui, il hurlait.

Il n'entendit donc pas Avril, quand elle arriva près de lui. Elle aussi, avait tout vu, de la fenêtre du chenil. Elle avait également aperçu Daniel.

Elle savait qu'il avait besoin de réconfort. Ou de quelqu'un pour subir sa colère. Après tout, il fallait bien que « le méchant sorte » !

Et il sortit.

— Pourquoi est-ce que ta mère vend Gipsy ? gronda-t-il.

— Tu ne pouvais pas le garder… et nous non plus, répondit-elle doucement.

— Mon père aurait fini par l'accepter, je le sais. Il serait devenu mon chien. Je l'aurai dressé, on aurait participé aux spectacles des Superdogs et…

Il ne put poursuivre. Il ne voulait pas qu'Avril le voit pleurer. Ç'aurait été la honte. Il s'enfuit plutôt à travers le verger dont les arbres étaient chargés de pommes. Il eut la tentation d'en prendre quelques-unes et de les lancer sur la voiture qui démarrait, emportant Gipsy loin de lui. Il se retint. Mais sa colère ne diminua pas pour autant. Au contraire, elle gonfla. Il lui fallait faire quelque chose, n'importe quoi, pour qu'elle passe.

Oui, n'importe quoi.

C'est ce qu'il fit.

Avril, la première, se rendit compte qu'il se passait quelque chose. Elle faisait ses devoirs, dans la salle à manger, quand un mouvement attira son attention vers l'extérieur. Blackie, Silver et Picasso couraient sur la pelouse!

— Les chiens! s'écria-t-elle en se levant. Ils se sont échappés!

Face à elle, Julie abandonna son ordinateur pour se précipiter à la fenêtre. Elle n'eut que le temps de voir les trois bêtes filer à fond de train. L'un vers la route. Les deux autres vers le verger.

— Viens m'aider! cria-t-elle à Avril en enfilant sa veste.

Au moment où elles sortirent, Paulo et Pinotte franchirent la porte du chenil, pour mieux s'en éloigner en aboyant.

— Nadine, on a besoin de toi! lança Avril en direction de l'atelier.

L'urgence dans la voix de sa nièce fit sursauter la psychologue qui sortit à son tour.

Pendant l'heure qui suivit, ce ne fut que courses folles, entreprises de séduction et opérations dignes des grandes batailles. Julie et Nadine s'unirent pour encercler l'un des fuyards. Avril en attrapa un autre en lui offrant le biscuit qu'il préférait. Julie se jeta carrément dans les pattes d'un troisième pour le retenir au moment où il prenait la direction de la route. Nadine tenta d'user de psychologie mais, voyant que cela ne donnait rien avec les chiens, courut pour en rattraper un quatrième.

Il ne manquait que deux bêtes quand Avril l'aperçut. La bicyclette de Daniel. Il était donc encore dans le coin! Pourquoi n'était-il pas venu les aider? Elle blêmit au moment où cette pensée effleura son esprit. Elle venait de comprendre qui avait ouvert les cages.

— Pourquoi as-tu fait ça, Daniel? murmura-t-elle.

Caché dans le chenil, observant le branle-bas dont il était responsable, Daniel se posait la même question. Il n'avait pas réfléchi.

« Quel idiot je fais ! » se dit-il en se redressant à moitié : un bruit de moteur lui parvenait de la cour. Bêtement, il pensa que les nouveaux maîtres de Gipsy avaient changé d'idée et rapportaient « son » chien. Mais non. C'était l'un des voisins, qui sortit de sa camionnette… en compagnie de Nounou. Julie et Avril se précipitèrent dans sa direction.

— Merci de l'avoir récupéré ! fit Julie tandis qu'Avril passait une laisse au cou de la fuyarde. Il ne nous manque que Picasso. Tu ne l'aurais pas vu, par hasard ?

Le voisin passa une main dans ses cheveux, soudain mal à l'aise.

— Je… Je suis désolé mais…

En parlant, il ouvrit la portière arrière de son véhicule.

— … j'ai tout fait pour l'éviter. Tu comprends, il s'est jeté sous mes roues.

Picasso gisait sur une couverture. La gueule ensanglantée. Inerte. Sans vie. Mort.

Avril se jeta dans les bras de sa mère en pleurant. Daniel comprit alors ce qui s'était passé. Il n'était pas un idiot. Il était un meurtrier.

— C'est… c'est Daniel qui a fait ça ! fit Avril entre deux sanglots. Je sais que c'est lui. Il est malade dans sa tête. Je ne veux plus jamais le voir.

Elle s'arracha brusquement de l'étreinte de sa mère. Pivota, pour être sûre que son cri serait entendu.

— Tu as entendu, Daniel Forest?! hurla-t-elle. Je ne veux plus jamais te voir. Jamais!

— Voyons, Avril, fit doucement Nadine. Il n'a sûrement pas voulu faire mal aux chiens.

Avril fusilla sa tante du regard.

— Il n'a pas voulu leur faire mal. Il a voulu les tuer. Je le déteste.

Des mots sans appel. Daniel, qui se glissait hors du chenil, les entendit. Il n'était pas seulement un idiot et un meurtrier. À présent, il était aussi seul au monde.

Du moins, le crut-il. Le regard de Nadine, qu'il croisa, lui fit presque croire qu'il se trompait. Un éclat d'espoir qu'il n'eut d'autre choix que d'explorer. On ne peut survivre quand on est vraiment seul au monde. Il attendit donc le soir. Il patienta jusqu'à ce qu'il voit la psychologue se diriger vers son atelier. Il était certain qu'elle savait qu'il se trouvait là, tapi dans le noir. Il avait presque senti son regard fouiller la nuit à sa recherche. Il n'avait pas l'intention de lui donner tort.

Daniel ouvrit, avec moult précautions, la porte de l'atelier. Nadine était là. Entourée des pots, assiettes et vases qu'elle avait fabriqués. Certains, émaillés. D'autres, peints. D'autres encore attendaient de passer au four. La jeune femme contemplait sa dernière pièce. Elle en détacha les yeux pour les river à ceux du garçon. Ces yeux-là ne laissèrent filtrer aucune colère.

— Pourquoi as-tu fait ça, Daniel? lui demanda-t-elle doucement.

— Je... Je... Je ne sais pas.

— Et moi, je ne te crois pas. Tu as une raison, et tu la connais. Ça fait trop mal, de me la dire?

Daniel serra les poings, les mâchoires. Pour s'empêcher de frapper, de hurler. Mais les yeux de Nadine, toujours ses yeux, l'obligeaient à parler.

— Pourquoi je te la dirais? Mes raisons, tout le monde s'en fiche. Personne ne s'y intéresse, gronda-t-il.

— Moi, je m'y intéresse. Et ne fais pas celui que ça étonne. Tu sais que je suis plus curieuse qu'une fouine!

Le garçon ne réagit pas. Mais Nadine ne désespéra pas pour autant. Elle allait se jeter à l'eau. Après tout, elle savait nager.

— Tu l'aimais beaucoup, Gipsy, pas vrai?

La réaction de Daniel fut immédiate.

— J'ai pas envie d'en parler.

Nadine se retint de sourire. Elle avait frappé le nerf sensible. Elle devait continuer avec précaution pour ne pas aviver la douleur.

— Si tu ne veux pas parler, ne parle pas. Réponds-moi simplement par un signe de tête. C'est une langue que je comprends... aussi bien que Julie comprend celle des chiens.

Daniel soupira. Puis, au bout de quelques secondes, hocha la tête.

— Bien, murmura Nadine. Donc, tu aimais Gipsy. Beaucoup.

Il acquiesça.

— Tu l'aimais, mais on te l'a pris. D'abord, ton père. Puis, Julie. Enfin, les gens qui sont venus au chenil pour l'acheter.

De nouveau, Daniel fit signe que oui. De toute façon, il n'aurait pas pu parler: les sanglots lui broyaient la gorge.

— C'est ça qui t'a mis en colère. Dans une colère folle. Parce que ce n'est pas la première fois que ça t'arrivait.

Le garçon fronça les sourcils. Il ne comprenait pas.

— Ce n'est pas la première fois qu'on t'enlève, d'une manière que tu trouves injuste, quelqu'un que tu aimes, précisa Nadine.

Et elle attendit. La crise qui ne pouvait que venir. La révolte ou les cris. Ou les pleurs. Elle s'attendait à tout.

— Tu comprends rien ! gronda-t-il. Personne ne m'a pris ma mère ! Elle n'est pas partie avec quelqu'un d'autre. Elle ne m'aurait jamais abandonné si... si elle avait eu le choix.

Il darda son regard enflammé sur la jeune femme.

— Ce n'est pas comme la tienne, laissa-t-il tomber méchamment.

Le garçon avait espéré voir apparaître une grimace de douleur sur le visage de Nadine. Il n'y vit qu'un sourire plus doux encore que les précédents.

— Nous parlerons de moi un autre jour, garçon. D'ici là, tiens.

Elle lui tendit l'assiette qu'elle venait de terminer.

— Casse-la.

Daniel prit l'objet. Le tourna entre ses mains. Attendit. Il était sûr d'avoir mal compris. Mais...

— Casse-la, répéta Nadine. Il faut parfois casser les pots, et pas juste au figuré, pour pouvoir les réparer. Tu vas voir, ça fait du bien.

Le garçon n'hésita plus. Il en avait tellement envie. Il lança donc l'assiette de toutes ses forces contre le mur. Elle explosa en mille morceaux. Mais ce n'était pas assez. Nadine le sentit. Elle lui offrit une cruche. Puis, un vase. Qui éclatèrent eux aussi. Libérant la rage qui grondait en Daniel. Ouvrant la voie à la peine.

— Je suis un monstre, murmura-t-il en observant les dégâts.

Nadine se leva, l'entoura de ses bras.

— Pas un monstre, non. Tu as été blessé et… Tu sais, quand on a mal, on ne sait plus de quelle manière réagir. Ce n'est pas de la folie ni de la monstruosité. C'est seulement un appel au secours. Disons que tu l'as lancé tout croche. En tout cas, pas mal plus croche que mes assiettes sur le mur ! conclut la psychologue en donnant un coup de pied dans les débris qui jonchaient le plancher.

Ils nettoyaient l'atelier en silence quand Marc s'y engouffra. L'air froid qui s'abattit alors sur la pièce ne provenait pas que de l'extérieur.

— Et tu voulais me faire croire que tu pouvais t'occuper d'un chien, grinça Marc en s'approchant de son fils.

Nadine aurait voulu s'interposer, intervenir. Mais elle ne pouvait pas. Ne devait pas. Daniel était blessé et, à présent, il le savait. Marc l'était également. Mais il l'ignorait encore. Ou plutôt, il voulait l'ignorer.

— Papa…, commença le garçon.

— Laisse faire les papas. Tu vas aller passer quelques jours chez mes parents. Et tu sais quoi? Je pense que, finalement, j'ai sauvé la vie de Wolf quand je l'ai donné!

La remarque frappa Daniel au creux du ventre. Il eut de la difficulté à respirer tant ces mots-là lui lacérèrent le cœur. Pas parce qu'ils étaient injustes. Au contraire. Pour une fois, il était du même avis que son père.

Chapitre 11

Tous pour un

Marc conduisit Daniel chez ses parents, qui vivaient à l'autre bout du village. En temps normal, le garçon aurait été ravi. D'ailleurs, il passait toujours le long week-end de l'Action de grâce chez eux.

Sauf que Marc avait transformé ces micro-vacances en punition. Durant le trajet, il ne parla pas à son fils. Il descendit le sac de Daniel. Embrassa sa mère. Accusa le coup quand elle lui dit qu'elle ne lui trouvait pas bonne mine. Serra son père dans ses bras, avec cette espèce de gêne qui existe toujours quand un père et son fils adulte se montrent leur affection. Rappela à Daniel de se tenir prêt pour lundi après-midi : il viendrait le chercher et il n'aurait pas de temps à perdre. Puis, il monta dans sa voiture et repartit.

— Allez, viens, fiston ! fit le grand-père de Daniel en attrapant le garçon par le bras. Ta grand-mère t'a préparé des *brownies*. Tu pourras en avoir autant que tu veux après le souper. Enfin, s'il te reste de la place. Parce que, tu sais, c'est un vrai cordon-bleu et...

Et il parla, parla. Tentant de meubler un silence trop lourd, trop triste à son goût.

— Ah oui ! J'oubliais ! s'exclama-t-il après qu'ils eurent pris place autour de la table. Tu peux être fier de ton père. Ce qu'il a écrit là... Il fallait du courage !

Daniel fronça les sourcils, fixant sans comprendre le journal que brandissait son grand-père.

— Tu n'es pas au courant, c'est ça ? lui demanda sa grand-mère.

Ils lui apprirent que Marc avait écrit, dans le courrier des lecteurs, une lettre concernant la démolition du centre sportif. Une lettre dans laquelle il regrettait la destruction d'un immeuble historique qui était cher au cœur de bien des citoyens. Destruction d'autant plus regrettable qu'il existait d'autres lieux, à la périphérie du village, où le nouveau centre commercial pouvait être bâti. Et il y allait de plusieurs exemples. C'était signé : Marc Forest, architecte.

Daniel ne put s'empêcher de ressentir une bouffée de fierté à cette lecture.

— Un homme de tête, ton père ! commenta son grand-père. Ouais, un homme de tête...

Et qui dit homme de tête dit entêtement. Il avait donné des directives strictes à ses parents, concernant le séjour de son fils parmi eux. La première : interdiction pour Daniel d'entrer en contact avec William et Colin. Quand il apprit cela, Daniel fut soudain moins fier de Marc. La rancœur, fidèle compagne des derniers temps, refit surface.

Mais le garçon n'avait pas dit son dernier mot — et encore moins le premier ! Une fois dans sa chambre, il retira un *walkie-talkie* de son sac.

— William ? fit-il dans l'appareil. Tu m'entends ?

— 10-4, répondit son ami en utilisant le code des policiers.

— Où es-tu ? poursuivit Daniel en fouillant l'obscurité du regard.

Il aperçut enfin William, perché sur une grosse branche du chêne centenaire.

— Je te vois, vieux ! Colin est avec toi ?

— Il ne pouvait pas m'accompagner. Il y avait une réunion de famille chez eux, ce soir. Mais ne t'inquiète pas, on va passer te voir demain.

— Noooon! cria Daniel... qui étouffa son propre cri en se mettant une main sur la bouche.

Il attendit quelques secondes, pour s'assurer qu'il n'avait pas alerter ses grands-parents, puis il poursuivit.

— Il ne faut pas que vous veniez. Mon père l'a interdit. Si on désobéit, il est capable de me laisser ici jusqu'à la fin du mois.

— Tu serais de retour pour l'Halloween, c'est ce qui compte! plaisanta William.

— Ah, ah! Très drôle.

— Attends, tu n'as encore rien vu. Terminé! conclut William.

La conversation s'acheva sur cette note énigmatique. Que Daniel ne comprit que le lendemain... quand il vit deux filles marcher droit sur lui tandis qu'il s'exerçait à faire de nouveaux mouvements sur sa planche à roulettes.

— Salut, beau gosse! lança la blondinette d'une voix de fausset.

— C'est vrai qu'il est plutôt mignon. Et tous ces muscles..., ajouta la jeune Asiatique sur un ton appréciatif.

Daniel se tourna vers elles... et éclata de rire. Ses amis avaient visiblement fait une razzia dans les costumes de théâtre de l'école! William portait une perruque aux longs cheveux dorés, une jupe écossaise, des collants rouges et une veste cloutée. Colin, très mode, était affublé de nouveaux «cheveux», très courts, d'une veste plastifiée du même vert que les mèches qui barraient sa chevelure, et d'une jupe fendue sur le côté dévoilant des bottillons lacés.

— Elle est belle, hein, ma... Coline? Sérieux, si c'était vraiment une fille, je lui demanderais de sortir avec moi, pouffa William.

— La Coline, elle te répondrait d'aller te perdre dans les montagnes, riposta Colin.

Daniel n'en pouvait plus de rire.

— Vous êtes fous! fit-il entre deux hoquets.

— Non, non! rectifia William avec sérieux. On est folles.

— On s'ennuyait de toi, mon chéri, minauda Colin en battant des paupières.

— Et surtout, on avait une grande nouvelle à t'annoncer, ajouta William, soudain sérieux. Le genre de nouvelles qu'on ne veut pas donner par téléphone ou par *walkie-talkie*.

Ils apprirent ainsi à leur copain que Gipsy était de retour au chenil. L'homme qui l'avait offert à son fils n'en pouvait plus... et sa famille non plus. « Ce n'est pas un chien que vous m'avez vendu, c'est une pile atomique! » avait-il dit à Julie en lui rendant l'animal et en s'enfuyant comme s'il avait le diable aux trousses. Peut-être avait-il peur que Gipsy le suive. Mais l'idée n'avait pas effleuré l'animal. Il était trop heureux de retrouver le chenil.

— Il t'a cherché partout, conclut William.

— Et il a été bien triste de ne pas te trouver.

— Comment savez-vous ça? demanda Daniel en fronçant les sourcils. Vous étiez là?

— C'est... hum... C'est ta blonde qui l'a dit à ma sœur, répondit Colin.

— C'est pas ma blonde! riposta Daniel.

— OK! s'écria Colin en levant les mains. C'est pas ta blonde, mais elle l'a quand même dit à ma sœur. Ma sœur qui est ma sœur. C'est correct, ça?

— Excuse-moi, soupira Daniel. Je suis un peu énervé.

— Seulement un peu?! s'exclama William. Tu es... modeste! Bon... qu'est-ce qu'on fait? Tu nous fais visiter le coin? Tu nous présentes tes grands-parents?

— Es-tu fou! s'étouffa Daniel. Si jamais ils se rendent compte que...

— Daniel? À qui parles-tu? demanda son grand-père en sortant de la maison.

Les trois garçons se raidirent, s'attendant au pire. Mais le vieil homme fit un clin d'œil à son petit-fils.

— Je vois que tu n'as pas perdu de temps pour te faire des copines! Tu me les présentes?

Et Daniel lui présenta Coline et Williamette, des copines de classe.

— Coline et... Williamette, hein? Il n'y a décidément plus rien qui arrête les parents, aujourd'hui. Dans mon temps...

— Vous vous appelez comment, vous? l'interrogea... Williamette, d'une voix aiguë.

— Herménégilde, pourquoi?

— Mmmm... En effet, c'était mieux dans votre temps, constata... Coline, qui se tourna ensuite vers Daniel. Tu viens te promener avec nous?

— Et après, tu les inviteras à prendre un bon chocolat chaud, conclut...

Herménégilde en se penchant à l'oreille de son petit-fils. Elles sont très mignonnes, crois-moi.

Les trois amis s'éloignèrent, heureux de se retrouver. Malgré les déguisements des uns. Malgré les tourments de l'autre. Parce que Daniel ne parvenait pas à tourner la page sur ce qu'il avait fait. D'accord, Gipsy était de retour et il le reverrait bientôt. Mais Picasso… Picasso ne reviendrait pas, lui. Et chaque fois qu'il verrait le Jack Russel terrier, Daniel craignait de sentir le poids de la culpabilité lui retomber dessus. Et si jamais cela ne se produisait pas, il comptait sur Avril pour lui rappeler le drame.

Il ignorait qu'Avril, de son côté, pensait aussi à lui. Pas en mal. Douloureusement, parce que la perte de Picasso était encore une plaie vive. Mais la colère envers Daniel s'était changée en quelque chose d'autre. Nadine l'avait aidée. En la faisant parler. Et casser quelques assiettes. Ça marchait avec tout le monde.

Sauf que ce soir-là, la psychologue n'en avait pas à portée de la main quand elle aperçut Marc au cassecroûte. Il était seul à une table et finissait son repas tout en consultant des documents et en prenant des notes.

— Très mauvais pour la digestion, ce que vous faites là ! lança-t-elle en se plantant près de lui.

— Qu... Quoi ? bafouilla Marc en levant les yeux. Oh ! C'est... C'est vous. Bonsoir.

— Bonsoir. Je vous dérange ?

— Non ! Je vous en prie, asseyez-vous.

— Merci. Mais je sais que je vous dérange. Et ça tombe bien, c'est ce que je veux.

Le père de Daniel l'observa un moment, sans trop comprendre. Quelle étrange jeune femme, que cette Nadine !

— Vous avez une drôle de manière de mettre les gens à l'aise. C'est ce qu'on vous apprend à l'université, à vous, les psychologues ?

Elle lui fit un grand sourire et tourna son attention sur le bol rempli de sachets de sucre. Elle en prit un, le déposa à la gauche de Marc. Elle en prit un deuxième et le déposa à sa droite. Elle montra le premier.

— Ça, c'est vous.

Elle pointa le deuxième.

— Ça, c'est Daniel.

Elle en prit un troisième et le montra à Marc.

— Ça, c'est moi. Où est-ce que je me place ?

L'homme hésita un moment. Attrapa le sachet et le déposa entre les deux autres. Puis, il regarda Nadine et attendit son approbation. Elle ne vint pas. Bien au contraire.

— Non, pas au milieu ! fit la psychologue. Je déteste être prise en sandwich même si, en général, les gens préfèrent la garniture aux tranches de pain !

Marc la dévisagea, encore une fois sans comprendre. Elle soupira. Lui expliqua qu'elle ne voulait pas être l'intermédiaire entre lui et Daniel. Servir de pont entre un père et son fils.

— Si je comprends bien, vous n'aimez pas non plus qu'on vous marche dessus.

Nadine sourit largement à cette réflexion.

— Là, je pense que nous commençons à parler le même langage. Donc, mettons les choses au clair. Je suis du côté de Daniel. Par profession. Après tout, je suis psychologue en milieu scolaire. Mais aussi par choix. Votre garçon...

— Je croyais qu'une psychologue devait rester neutre, l'interrompit Marc.

— Une psychologue ne s'assoit pas non plus à la table d'un client. Si vous étiez un des miens, je ne serais pas là.

Mais c'est de Daniel dont je m'occupe. Vous avez un garçon formidable. Intelligent. Sensible. Courageux. Un fils qui vous admire. Qui a besoin de vous. Mais vous n'êtes pas au rendez-vous. Quand il vous regarde, vous regardez ailleurs. Quand il vous approche, vous reculez. Résultat, ce garçon formidable, intelligent, sensible et courageux est, par-dessus tout, un enfant malheureux. Un enfant en deuil de sa mère, ce qui, dans les circonstances, est normal ; mais également un enfant en deuil de son père, ce qui ne l'est pas. Normal, je veux dire.

Elle s'arrêta, essoufflée. Jamais elle n'aurait cru qu'elle irait ainsi jusqu'au bout. Parce qu'il y avait, chez Marc, une fêlure à travers laquelle elle entendait un appel à l'aide. Pouvait-elle, sciemment, le blesser par ses propos ?

— Vous avez fini ? fit l'homme d'une voix sèche, mettant un terme aux pensées de la jeune femme.

— Heu… oui. Oui, bien… bien sûr, bégaya-t-elle.

Mais elle se reprit rapidement.

— Oui, j'ai fini. Et vous, quand est-ce que vous vous y mettez ? demanda-t-elle avec aplomb.

Marc et elle se mesurèrent du regard. Lui, qui n'aimait pas se faire dire ses quatre vérités. Elle, qui voulait qu'il se secoue... et cesse ainsi de « secouer » son fils. Qu'ils abattent ce mur invisible qui les séparait. Le fassent éclater comme des assiettes de terre cuite.

Elle fut la première à se lever. Il ne bougea pas. Elle tourna les talons et s'éloigna. Pour pivoter et revenir sur ses pas.

— J'ai lu la lettre que vous avez envoyée au journal. Elle a été reprise par une agence de presse et publiée dans plusieurs quotidiens, vous savez. Ça va faire du bruit.

— Et alors ? fit Marc en haussant les épaules.

— Vous n'avez pas peur de prendre des risques. Ça tombe bien : moi non plus.

Et là-dessus, elle quitta pour de bon le casse-croûte, laissant Marc, interloqué, derrière elle. Il la suivit des yeux. Sous le choc. Essayant de décrypter tout ce qu'il venait d'entendre. Mais il était sûr d'une chose. Cette femme avait du chien.

Wolf

Wolf montra ses dents quand le chasseur le menaça de son arme. Après tout, le barzoï est un chien de chasse. Il n'avait pas apprécié servir de cible à l'homme. Il aurait dû s'enfuir, comme s'enfuyaient tous les animaux lorsque les balles sifflaient à leurs oreilles.

Sauf que Wolf, contrairement aux autres, n'avait rien à perdre. Pas même la vie. À moins qu'il ne retrouve Daniel. Daniel. S'il avait pu, à ce moment-là, Wolf aurait pleuré. Mais il n'avait pas de larmes pour laver sa peine. Il renifla avec dédain l'homme qui l'avait menacé. Puis, il s'éloigna en trottinant. Il sentait que le chasseur ne lui tirerait pas dessus.

Il sentait également que l'odeur de Daniel, du village, du cimetière où dormait sa maîtresse, tout cela se rapprochait. Malgré ses pattes douloureuses, il se mit à courir dans le soleil levant.

Chapitre 12

Une victoire…
et d'autres encore

Il y avait rarement eu autant de monde à une assemblée municipale. La salle du conseil était pleine à craquer. Le sort du centre sportif se jouait ce soir-là. Marc et Daniel étaient assis côte à côte. Plus loin, William et Colin rigolaient en se donnant des tapes dans le dos — Daniel aurait bien aimé savoir pourquoi!

En avant, Avril, Julie et Nadine se tenaient par la main. À leur droite, Claire serrait un épais dossier contre son cœur. Elle semblait anxieuse. Il fallut qu'une main parcheminée se pose sur la sienne pour qu'un sourire détende son beau visage. La main du

colonel Draghosculesco. Avec qui elle avait sillonné les rues du village pour présenter sa pétition. Avec qui elle avait, finalement, développé une amitié… qui était peut-être plus qu'une amitié.

Forte de ce soutien, elle se leva avec assurance quand le maire l'invita, visiblement à contrecœur, à prendre la parole.

— Que serait une assemblée sans votre… prestation, madame Martin ! ironisa-t-il pour le plus grand plaisir des membres du conseil.

La vieille dame ne releva pas le sarcasme et entra dans le vif du sujet.

— Je suis venue ce soir, expliqua-t-elle, déposer une pétition signée par des personnes que vous représentez, monsieur le maire, et qui sont contre la démolition du centre sportif. Ces personnes sont au nombre de... 1335.

Un murmure consterné plana sur la salle. C'était peu. Bien trop peu! Et bien assez pour faire apparaître un sourire triomphant sur le visage du maire.

— Oh... mais... Un instant! se reprit la grand-mère d'Avril en ajustant ses lunettes sur son nez! Je m'excuse, j'ai sauté un zéro! Vous comprenez, à mon âge. Ce n'est pas 1335 signatures que nous avons obtenues, mais 13 350.

Un tonnerre d'applaudissements s'éleva tandis qu'une grimace de frustration effaçait le sourire du maire.

— Vous auriez dû commencer par remettre les copies signées au greffier, à des fins de vérification, laissa-t-il tomber d'une voix aigre.

— C'est vrai, admit madame Martin avec douceur. Mais nous avons pensé que les membres du conseil seraient intéressés à les recevoir personnellement, de la main... enfin, de la gueule des principaux intéressés.

Pendant qu'elle parlait, Julie s'était glissée jusqu'à la grande porte et à peine sa mère eut-elle fini de parler qu'elle poussa les battants de bois. Une dizaine des chiens du chenil s'engouffrèrent dans la salle, portant chacun un

panier en osier dans lequel des feuilles de la pétition avaient été roulées et nouées avec des rubans rouges.

Les habitants du village se levèrent en un bel ensemble et se mirent à se féliciter les uns les autres. Une fête qui ne gagna pas l'estrade, où les membres du conseil affichaient des mines piteuses.

Le colonel, du pas sûr du vainqueur, alla rejoindre Claire Martin, serra une de ses mains entre les siennes et lui chuchota quelque chose à l'oreille — qui la fit rougir de la plus charmante des manières. Ses filles, qui observaient la scène de leur place, se sourirent tandis qu'Avril, elle, se tournait vers Daniel. Leurs regards se croisèrent. Brièvement. Car un obstacle vint interrompre le contact. Gipsy. Le chien avait aperçu Daniel et, faisant fi de sa mission, lâcha son panier et courut vers celui qu'il considérait comme son maître.

Le garçon hésita à caresser l'animal qui, visiblement, n'attendait que ça. C'est Marc qui, le premier, passa sa main sur la tête du chien.

— Je pense qu'il a besoin d'affection. Ce… c'est quoi, déjà, son nom ? demanda-t-il à Daniel sur un ton qui manquait d'assurance.

— Ce… c'est Gipsy, bafouilla Daniel.

Il tendit à son tour sa main vers le chien. Effleura ainsi celle de son père. Ils n'eurent d'autre choix que de se regarder. Du fond du cœur. Les larmes qui montèrent à leurs yeux venaient d'aussi loin.

— On pourrait peut-être penser à… l'accueillir chez nous. À l'essai, bien sûr ! fit Marc d'une voix rauque.

— À l'essai, répéta Daniel. Je… D'accord. Merci, papa.

— De rien. De rien, mon homme.

De sa place, Avril assista à toute la scène. Elle n'entendit pas, mais elle comprit tout. Daniel s'en rendit compte en voyant le sourire lumineux qu'elle lui adressa. Le cœur du garçon se mit à battre la chamade. Avril lui avait pardonné. Il en eut l'intuition sur le moment. Et la confirmation, le week-end suivant.

Les citoyens « vainqueurs », Claire Martin et le colonel à leur tête, organisèrent en effet un pique-nique pour fêter la bonne nouvelle : le centre sportif ne serait pas démoli, et, en plus, il serait rénové. L'événement se tint le samedi suivant, au parc du mont Saint-Hilaire. Celui sur les sentiers duquel, quelques mois plus tôt, Daniel et sa mère avaient couru afin de voir qui arriverait le premier au sommet de la montagne.

— Elle m'a peut-être laissé gagner, murmura le garçon.

C'était la première fois qu'il revenait en ces lieux depuis la mort de sa mère. Il avait tenu à fouler, seul, les derniers mètres menant à la cime. Marc avait compris. Il était resté à l'arrière, Gipsy à ses côtés. À présent, Daniel regardait le paysage somptueux qui s'étalait à ses pieds.

Les arbres tout de rouges, d'orangés et de dorés. La rivière qui coulait paresseusement entre eux et brillait de mille feux sous les rayons du soleil. Le temps s'était mis au beau comme... comme la dernière fois. Il semblait à Daniel qu'avec un effort, il pourrait entendre le bruit des pas de sa mère. Son rire, qui coulait sans effort. Puis, sentir son souffle dans son cou et sa main sur son épaule.

Sa main... Le garçon tressaillit. Une main venait en effet de se poser sur son épaule. Il se retourna d'un bond et...

— A... Avril ? bafouilla-t-il.

— Je... ne... Je ne voulais pas te faire peur, s'excusa la jeune fille en reculant d'un pas.

— Ce n'est rien, reprit Daniel. Je... J'étais dans la lune.

— Comme d'habitude, fit Avril avec un petit sourire.

Puis ils restèrent là, à regarder à droite et à gauche, silencieux et mal à l'aise, sans trop savoir que dire ni que faire.

— Je voulais t'offrir mes excuses, lança Daniel au bout d'un long moment. J'ai été nul d'ouvrir les cages. À cause de moi, Picasso...

Une grimace de douleur crispa les traits d'Avril. Il n'avait pas besoin d'en dire plus.

— Je t'en ai voulu... à mort, lui répondit-elle en plantant ses yeux dans les siens. Mais Nadine m'a aidé à comprendre.

— Nadine..., murmura le garçon.

— Elle est forte, ma tante, ajouta Avril.

Et elle se tourna vers l'endroit, plus bas, où le sentier débouchait sur le sommet. Marc était en grande conversation avec la jeune femme. Daniel n'avait pas vu son père avoir l'air aussi décontracté depuis… depuis longtemps.

— Très forte, fit-il sur un ton appréciatif en observant la scène.

Il revint ensuite à Avril. Il fallait qu'il sache.

— Tu… tu n'es plus fâchée contre moi ? demanda-t-il d'une voix plus rauque qu'à l'ordinaire.

— Non. Non, c'est fini, lui dit-elle sans le lâcher des yeux.

C'est dans son regard que Daniel lut l'invitation. À lui prendre la main. Ce qu'il fit. À s'approcher tout près d'elle. Ce qu'il fit. Et là, quand il sentit le souffle de la jeune fille se mêler au sien, il… il figea.

— C'est comme ça que tu fais la paix? fit mine de s'étonner Avril. Je pense que tu n'as pas assez souvent eu à te réconcilier avec quelqu'un. Ou plutôt, avec quelqu'une.

— Ah bon? Si tu es si… expérimentée, montre-moi comment on fait la paix.

— Pas de problème, murmura Avril.

Et elle se dressa sur la pointe des pieds pour déposer un baiser sur les lèvres de Daniel. Puis, elle s'enfuit sur le sentier, disparaissant au moment où les grands-parents de Daniel apparaissaient. Ils virent leur petit-fils, planté tel un piquet sur le rocher sommital, les yeux fermés.

— Ça ne va pas, Daniel? s'inquiéta son grand-père.

Le garçon rouvrit les yeux et rougit jusqu'à la pointe des oreilles.

— Heu... Non, non! Au contraire, ça va très bien!

Il passa alors la langue sur ses lèvres et fronça légèrement les sourcils.

— Dis-moi, grand-maman, as-tu fait du sucre à la crème?

— Eh bien... c'était une surprise, répondit la vieille dame d'une voix un peu déçue. J'espère que la jeune personne que je viens de croiser n'a pas vendu la mèche. Elle m'avait promis de garder le secret si je lui en donnais un morceau.

Daniel glissa une main autour de la taille de la vieille dame.

— Ne t'inquiète pas, Avril ne m'a rien dit. C'est moi qui ai deviné. J'espérais que tu en fasses.

Sa grand-mère poussa un petit soupir ravi. Et elle se lança avec verve dans le récit de ses retrouvailles avec Claire Martin. La vente forcée de la grande maison jaune de la famille Forest à la famille Martin ne s'était pas faite sans heurts et avait séparé celles qui, à l'époque, étaient des jeunes femmes.

— Et je peux t'assurer qu'elles n'ont pas changé! s'exclama le grand-père de Daniel. Elles étaient deux vraies gamines, tout à l'heure!

De cela également, Daniel eut la confirmation un peu plus tard, pendant le pique-nique, tandis que les deux dames d'âge... responsable se mirent à rire aux éclats en échangeant des blagues à mi-voix.

— Et on dira que les jeunes ne savent pas se tenir, soupira William en les observant de loin.

Colin et lui avaient enfin la permission de renouer avec Daniel.

— Heureusement qu'on n'a pas eu à attendre aussi longtemps qu'elles! pouffa Colin. Allez, on y va?

Ils y allèrent. C'est que pour eux, cette journée n'était pas qu'à la fête. Daniel leur avait demandé de l'aider à entraîner Gipsy pour un prochain spectacle des Superdogs. Pas celui du lendemain, c'était trop tôt, mais peut-être le suivant. Bref, ils avaient du pain sur la planche. Mais, ça tombait bien, le Jack Russell terrier avait «faim» de ce pain-là. Il obéit avec docilité à chaque signe, ordre et commandement.

— Je n'en reviens pas..., murmura William au bout d'une bonne heure d'efforts.

— Pourquoi? s'étonna Daniel. Tu as dit que Gipsy avait du potentiel, que tu l'avais... senti dès le début!

— Heu... Non, je ne parlais pas de Gipsy mais d'elle, fit le garçon en pointant Avril du menton.

La jeune fille discutait avec ses amies, au loin, autour d'une table à pique-nique.

— Quoi, Avril? Elle a du potentiel? demanda Colin, complètement perdu.

— Non! s'exclama William. Elle m'a souri, tout à l'heure.

— Et après? s'étonna Daniel.

— Ben... je n'ai pas trop compris! Après tout, c'est ta blonde!

— Oh, arrête ça, William! grinça Colin. Daniel va encore dire que c'est pas sa blonde, puis vous allez vous disputer, puis...

— Je l'ai pas dit, l'interrompit Daniel.

Ses deux amis l'observèrent un moment avec curiosité, sans trop comprendre. Ou sans trop oser comprendre.

— Tu n'as pas..., commença Colin.

— ... dit quoi? compléta William.

— Je n'ai pas dit que ce n'est pas ma blonde. Parce que... elle l'est.

Et, pour ses deux copains qui le regardaient, les yeux agrandis par la surprise, il ajouta:

— Avril est ma blonde. On s'est embrassés. Et... heu, William, elle a le droit de sourire à qui elle veut.

Elle ne se gêna pas pour le faire, le lendemain, au centre sportif qui accueillit, pour une autre fois — et il en irait ainsi pour de nombreuses fois encore —, les Superdogs. Herb et Chase avaient confirmé à Claire Martin, ravie, et au conseil municipal, qui avait encore le goût amer de la défaite sur le cœur, qu'une fois le bâtiment rénové, ils en loueraient une partie pour y installer les locaux administratifs des Superdogs.

Mais d'ici là, la place, toute la place, était au spectacle. La foule se montra plus excitée que jamais: elle sentait que c'était le début d'une nouvelle ère. Et cette énergie, les chiens la perçurent. Ils l'utilisèrent pour se donner encore plus que d'habitude aux courses, aux défis, aux numéros. Les journalistes qui assistaient à leur prestation — certains s'étaient même déplacés de Montréal et de Québec pour l'occasion! — en eurent plein la vue. «Dire qu'on aurait pu voir disparaître tel joyau!» s'exclamerait plus tard l'un d'entre eux, à la radio nationale.

En fait, de tous les chiens-vedettes, un seul semblait d'un calme inébranlable en cette journée. Gipsy. Sagement assis aux pieds de Daniel qui, debout dans les coulisses, près de l'entrée de la piste, observait Chouchou, Mirandole, Buck et l'ineffable Churchill courir, sauter, rouler sous les encouragements du public. Au sein duquel se trouvaient la grand-mère de Daniel, son mari d'un côté, Claire Martin de l'autre. Et, sur le siège voisin de cette dernière, le colonel.

Plus loin, Colin et William hurlaient leur plaisir, accompagnés de Nadine... qui se calma un peu lorsque Marc, en retard comme d'habitude, vint s'asseoir près d'elle. L'excitation ne convenait pas à l'image que l'on se fait d'une psychologue. C'est donc un sourire très sage qu'elle lui adressa. Et qu'il lui rendit.

Pendant ce temps, dans les coulisses, Daniel faisait lui aussi preuve de sagesse en prodiguant des conseils à Gipsy.

— Je sais que tu as envie d'y aller, murmura-t-il au chien en le caressant.

L'animal s'était levé et tendait le museau vers la piste. Il poussait parfois de brefs aboiements et posait sur son maître un regard plein d'espoir.

— Tu n'es pas encore prêt, mon beau. La prochaine fois, d'accord ? Aujourd'hui, ce n'est pas possible. Mais je te promets que, bientôt, ce sera ton tour… et les gens ne l'oublieront pas de si tôt !

Dans l'ombre, Avril suivit la « conversation » entre son petit ami et Gipsy. Une lueur traversa son regard et, en catimini, elle fila voir Herb qui avait quitté la lumière des projecteurs pour aller se désaltérer. Elle lui glissa quelque chose à l'oreille, un sourire mutin sur les lèvres. L'homme la regarda d'un air étonné. Elle pointa dans la direction de Daniel et de Gipsy. Herb, en les voyant, se mit à son tour à sourire. Il hocha la tête, avala une dernière gorgée d'eau et regagna sa place sur la piste.

— Chers amis, annonça-t-il. Pour terminer cette compétition et ce spectacle historique en beauté, nous vous proposons d'encourager deux futurs champions des Superdogs. Représentant l'équipe des Bleus, D'Artagnan!

Chase conduisit alors son nouveau chien, un mélange de airedale et de berger anglais, sur le podium des Bleus.

— Et, représentant les Rouges, reprit Herb quand les applaudissements se furent calmés, je vous demande d'accueillir… Gipsy!

Daniel crut d'abord avoir mal entendu. Puis, il accusa le coup. Aidé par les encouragements de Julie, qui le rejoignit en courant… et lui remit son blouson officiel des entraîneurs des Superdogs.

— Tu vas courir à côté de Gipsy. C'est toi qui vas l'encourager et le guider. D'accord?

Mais Daniel était trop sonné pour réagir. Les yeux agrandis par… par il n'aurait pu dire quoi, tant les émotions se mêlaient en lui!

— Daniel!

Cette fois-ci, c'est Avril qui prononça son prénom. Le ramenant ainsi sur terre. Et faisant monter en lui une fébrilité… avec laquelle il contamina son chien.

— On y va, Gipsy? Et c'est toi qui vas m'aider, dit-il en déposant un baiser sur le museau du chien.

L'animal n'attendait que ça. Il fila sur la piste et grimpa sur le podium des Rouges, sous les yeux ébahis des spectateurs qui le connaissaient — William et Colin en particulier. Et quand Herb donna le signal de départ avec son sifflet, le chien partit comme une flèche. Guidé par Daniel, il traversa le labyrinthe à la vitesse de l'éclair, sauta les obstacles, exécuta des sauts, des pirouettes, des arrêts. Bref, il se comporta comme un vieux pro. Et franchit la ligne d'arrivée en battant d'un nez... enfin, d'un museau, son adversaire.

Le tonnerre d'applaudissements qui se déclencha alors fit tomber un peu de plâtre du plafond du centre sportif. Claire Martin fronça les sourcils en voyant la poussière blanche sur sa jupe. Puis, elle comprit... et elle sourit. Dans peu de temps, ce détail serait chose du passé: les rénovations du centre sportif allaient bientôt commencer!

D'autres, plus secrètes, venaient de s'amorcer. Entre Daniel et son père. Dès l'instant où il aperçut Marc dans la foule en liesse, le garçon savoura pleinement sa victoire. L'homme applaudissait à tout rompre quand leurs regards se croisèrent. Se rivèrent l'un à l'autre. Se sourirent.

Le mur-entre-eux s'effondra. Pas dans un nuage de poussière mais, au contraire, en libérant une promesse, lumineuse, de jours meilleurs.

Wolf

Le désir d'y aller avait frappé Daniel au moment où il était sorti du centre sportif, Gipsy en laisse, son père à sa droite et Avril à sa gauche — côté cœur.

— Est-ce que ça te dirait d'aller... d'aller au cimetière ? demanda-t-il à Marc. Maman, elle voudrait savoir pour...

Il avala sa salive, trop ému pour continuer.

— ... pour tout ce qui s'est passé ces derniers temps, compléta son père. Tu as raison, mon homme. On y va.

Et ils y allèrent. Eux et quelques autres. Avril suivit, bien sûr. Sa mère aussi. De même que Nadine, à qui Marc avait remis, plus tôt... un sachet de sucre.

— Vous savez maintenant à quel endroit me placer? avait-t-elle demandé au père de Daniel.

— Pas tout à fait, mais je trouverais plus facilement si on se tutoyait. Qu'en pensez-v... Qu'en penses-tu?

— Que du bien.

Mais une fois au cimetière, la psychologue demeura en retrait, avec sa famille. Laissant Marc et Daniel avancer, seuls, vers la tombe où reposait Catherine. Ils y restèrent de longues minutes. Parlant entre eux, devant elle. Parlant d'eux, pour elle.

— Tu dois te demander pourquoi Wolf n'est pas là, maman..., fit enfin Daniel.

Il lui fallut du courage pour prononcer ces mots. Marc lui en fut reconnaissant parce que, lui aussi, avait cet épisode en travers de la gorge. Il ne se pardonnait pas d'avoir abandonné le chien de sa femme.

— Il faut que tu compr..., commença-t-il.

Un aboiement bref et rauque l'interrompit. Il leva les yeux en même temps que Daniel. Et ils le virent. Le pelage maculé. La démarche hésitante. Les flancs creusés par le manque de nourriture. Mais le regard brillant d'affection.

— Wolf! cria Daniel, la voix prise entre le bonheur et les larmes.

Et il courut vers le barzoï, qui avait déjà fait sa part du chemin.

— Ce n'est pas possible! murmura Julie, estomaquée.

Pourtant, ce l'était. Wolf avait marché 450 kilomètres. Elle en avait la preuve sous les yeux. Daniel, les bras accrochés autour du cou du grand chien, le petit Gipsy sautant autour d'eux. Marc, caressant tendrement le pelage de Wolf.

— Ils sont beaux, fit Avril.

À ce moment-là, Colin et William firent leur apparition. Le premier, poussant son vélo. Le second, portant sa planche à roulettes sous le bras.

— C'est de nous, que tu parles? plaisanta William.

La jeune fille se contenta de hausser les épaules, sans quitter Daniel des yeux. Colin et William observèrent, à leur tour, la scène.

— La bonne nouvelle dans tout ça…, commença Colin.

— Laquelle ? l'interrompit Avril. Il y en a plein, aujourd'hui.

— C'est vrai, admit Colin.

— Mais pour nous, il y en a une qui surpasse toutes les autres.

C'était que l'interdiction de passer sur cette rue-ci, toujours la seule à mener à l'avenue de la Pente-Raide, venait d'être levée. Ils en étaient sûrs.

FIN